南宋官窑的发现和考证

NAN SONG GUANYAO DE FAXIAN HE KAOZHENG

董 明 著

中国文史出版社

前　　言

宋代官窑的产生与祭祀有直接的关系，实际上，官窑是为郊坛礼器而设立的一个专职机构，其目的就是为满足皇帝政治和精神上的需求，不是奢侈享受，更不是经济制度。瓷质礼器是破解官窑的一把金钥匙，研究官窑如果不从礼器入手，也就无法理解官窑深刻的内涵。两宋官窑超越了日常生活用瓷的范畴，并为后世所尊崇，是因为瓷质礼器的存在；而真正合格的、能得到公认并登上郊祀祭台的瓷质礼器是从北宋宋徽宗开始的，从这个意义上来说，宋徽宗所创建的北宋官窑应该是中国古代陶瓷史上的第一座官窑。

2012 年我初步完成了北宋官窑的相关研究，并出版了《北宋官窑的发现和考证》一书，我在书中用确凿的事实证明，北宋官窑是宋徽宗为烧制瓷质礼器而设立的一座官控窑厂，礼器是北宋官窑最重要的特征和产品。张家巷窑遗址里没有礼器发现，当然不是北宋官窑，文博有关张公巷窑遗址就是北宋官窑的考古结论被推翻。

随后，我又对南宋官窑进行了考证，发现杭州南宋官窑博物馆所藏的"大宋国物"款垫饼根本就不是乌龟山窑址里的遗物，而是北宋汝窑中的一个窑具；杭州乌龟山窑址也不是南宋郊下坛官窑，老虎洞窑址更不是南宋第一座修内司官窑，真正的第一座南宋官窑在浙江龙泉丽水。同时"传世哥窑"也被我找到，其实就是南宋官窑中的一个开片釉品种，窑址同样在丽水。这一发现印证了我之前提出的"没有哥窑，只有北宋官窑"的观点完全正确，困惑学术界数百年的哥窑谜案被破解。

那么，杭州乌龟山窑和老虎洞窑究竟是什么性质的窑址？又为什么会和南宋官窑如此相像？杭州南宋时期究竟有没有官窑？我研究的结果表明，乌龟山窑和老虎洞窑都是元代官窑。许多人认为元代没有官窑，蒙古人更不可能去烧造和使用这类乳浊釉礼器，这种类官窑瓷器只能是南宋官窑的产品。事实上，元代沿用了南宋的许多规章制度和祭祀方式，并在元代中期按宋制建立官窑，使用南宋官窑的技术和样品，烧制同类的礼器，因此，它们与南宋官窑相似也就理所当然。老虎洞窑址里的"哥窑"器并不是民窑产品，而是元代官窑开片釉中的一个品种，和其他官窑瓷器相比只是开片不同而已，没有时代差别，更不是什么"传世哥窑"，老虎洞窑址里所谓的"南宋堆积层"都是人为制造出来的，不是事实。这就是为什么在老虎洞窑遗址里官窑和"哥窑"会同时存在，以及窑址中只有元代的铭文，却找不到任何南宋款识和物证，而且窑址从开窑起就没有中断、一直连续延烧至元末的原因所在。

南宋朝廷在丽水烧成合格的礼器后，又在临安设置了第二个官窑。我找到了出自这个窑址的许多带有南宋款识的瓷器和窑具，这些只在南宋时期才会出现的铭文，明确告诉人们它们烧制的年代。更重要的是，我新发现的这个南宋官窑，无论是品质还是烧制方式都与乌龟山窑址和老虎洞窑址有明显的不同。毫无疑问，南宋时期杭州确实有官窑存在，但不是乌龟山和老虎洞窑遗址，乌龟山窑和老虎洞窑都只是元代官窑，南宋官窑的问题终于水落石出、真相大白。

北宋官窑和南宋官窑在近三十年的时间里都已出土面世，却遭到了人为破坏，几近灭亡。如果不及时地把它们一个个收回家中，整理考证，著书立说，奋力传承，这些中国古瓷史上最珍贵的遗产早已烟消云散，不复存在。对中国古瓷而言，这究竟是最好的时代，还是最丑陋的时代？

董　明　于上海

2017 年 3 月 6 日

目　录

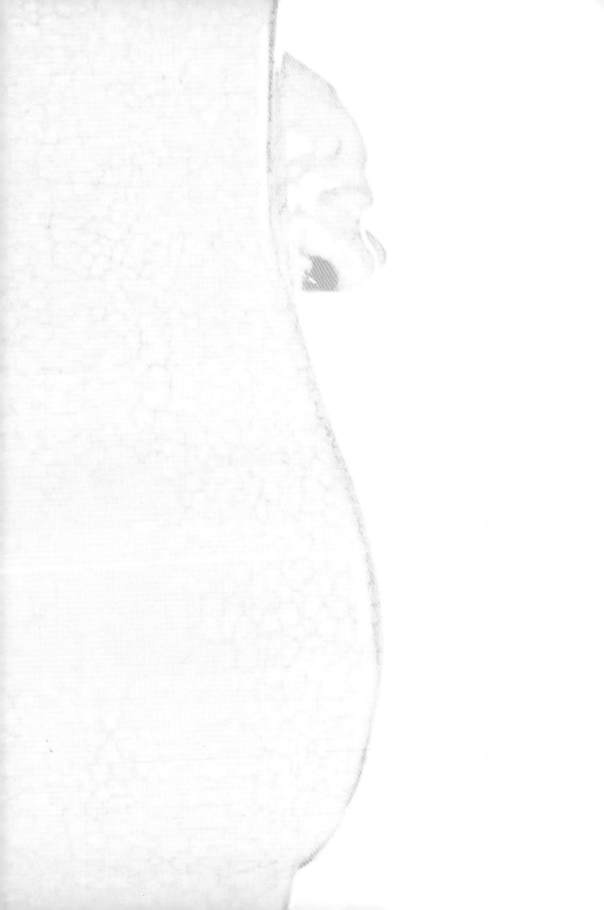

一、南宋第一个官窑的发现和考证

南宋第一个官窑在哪里？这是南宋官窑考古和研究领域里最重要，也是首先需要解决的问题。南宋官窑"袭故京遗制"[1]，同样是为烧制郊坛礼器而设立的官控窑场，瓷质礼器、品质及朝廷设立是南宋官窑必备条件。南宋时期朝廷曾在余姚、平江、龙泉和临安烧制过礼器，那么，哪一个才是真正的南宋第一个官窑？

（一）寺龙口窑和低头岭窑都是民窑

正史文献中，明确记载最早为南宋朝廷烧制礼器的是余姚越窑，《宋会要辑稿·礼》礼二四之八七至八八载：

> 昨绍兴元年明堂大礼，绍兴府烧变制造殿上正配四位祭器，并文思院铸造到牛羊豕鼎等，昨绍兴府沿火烧毁不存。今来开坐到祭器名件，并合创造，乞令太常寺图画样制下两浙转运司，令所属州军均摊制造。所有陶器乞下绍兴府余姚县烧变，并乞于大礼前十六日起发赴太常寺送纳……诏，陶器令绍兴府余姚县烧变，余令文思院制造，余从之。

二十世纪九十年代在浙江绍兴余姚先后发现了寺龙口窑和低岭头窑两座古窑址，出土了许多仿青铜器礼器，经过考证，这两座古窑址正是南宋早期为朝廷烧制过礼器的窑口。一些学者据此认为余姚窑是南宋的第一座官窑。从形式上看，余姚越窑为朝廷烧制的都是祭祀用礼器，而且也是官府出资、太常寺绘图出样，形式与官窑相同，但实际上和真正的官窑有很大的差距。首先，寺龙口窑址和低岭头窑址都不是朝廷的自设窑场，而是越系民窑，早在唐代就已经开始烧制青瓷。南宋时它们之所以会成为专为朝廷烧造礼器的窑厂，是因为当时情况特殊：建炎三年金兵渡江南进，高宗在金兵的追击下一路奔逃，一度曾逃至海上避难，直到建炎四年四月金兵北撤后才得以回到绍兴，当年正是三年一亲祀的年份。高宗侥幸得以逃生，所以一定要举办大礼谢天谢地，但原有的礼器均已丢失，需要烧制大量陶瓷礼器来代替。当时正处在与金兵交战之中，朝廷不可能到绍兴以外的地方去烧制礼器，更没有能力自设官窑，只能在附近的民窑搭烧，而余姚就在绍兴府的辖区内。可见，寺龙口窑和低岭头窑都只是朝廷临时搭烧礼器的窑场，并不是自设的官窑。

其次，官窑最重要的一个标准是合格的礼器，对品质有很高的要求。寺龙口窑和低岭头窑确实是最早为朝廷烧制过礼器的窑口，但因为没有北宋官窑的工匠参加，也没有新成礼器的样品图纸，生产的礼器仿汝不像汝，仿官不像官，不伦不类，品质和形制都达不到朝廷的要求，不仅受到群臣严厉批评，也引发了高宗不满："渡江后所作礼器多不合古。"[2]说明寺龙口窑和低岭头窑的技术水准及能力都不足以承担烧制朝廷礼器的重任，最终被朝廷完全弃用，另找平江府烧造。

（二）平江窑也不是官窑

从绍兴元年到绍兴十年，南宋朝廷祭祀所有的祭器一直是在余姚烧造的，因为所烧制的郊坛礼器都不合格，朝廷不得不寻找更合适的地方重新烧制。《中兴礼书》卷九《郊祀祭器一》载：

（绍兴十三年）四月二十九日，礼部太常寺言，勘会国朝祖宗故事，遇大礼其所用祭器并依三礼图用竹木制造，至宣和年做博古图，改造新成礼器，内磷簋尊爵站豆盂洗用铜铸造，余用竹木，今来若并仿博古图样制改造，内铜器约九千二百余件，竹木一千余件。其铜约用三万余。若更制造准备值两祭器，委是功力浩大，窃虑制造不及，今看详欲乞先次将圆坛上正配四位合用陶器，并今来所添从祀爵站并依新成礼器仿博古图，内陶器下平江府烧变，铜爵站令建康府铸，其竹木祭器令临安府制造。

很明显，绍兴十三年祭天大礼所使用的陶瓷礼器不再是余姚烧制，而是交由平江府来烧造。平江真的有官窑存在吗？有三种可能：

第一，文献地名记载有误；

第二，平江府境内确实没有窑址，陶瓷礼器实际并不是在平江烧造，平江府可能只是督办和主管部门；

第三，有尚未发现的窑址存在。

《中兴礼书》是正史，在所有古籍文献中属于可信度最高的一类，既然有明确记载，就不能排除存在这种可能。宋代平江府即今天的苏州，辖境相当江苏苏州及张家港、太仓、吴县、常熟、昆山、吴江市和上海市的嘉定、宝山等地，迄今为止该地区未发现有像样的窑址。但平江周边并非完全没有烧窑的资源和条件，苏州阳山就有瓷土。阳山又称余杭山，盛产高岭土，唐代陆广微撰的《吴地记》载："山有白土如玉，甚光润，吴中每年取以充贡，号曰石脂，亦曰白垩、白墡。"北宋朱长文也在《吴郡图经续记》中曰："阳山，在吴县西北三十里，一名秦余杭山，一名四飞山。有白垩，可用圬墁，洁白如粉，唐时岁以供进，故亦曰白磈山。"平江地区不仅出瓷土，而且泥塑历史悠久，早在北宋时期就非常出名。有学者在阳山附近的光福镇窑上村等地发现有古窑址痕迹，如果这些窑址得到证实，平江府为朝廷烧制过礼器是完全可能的，但我认为平江窑同样不是南宋的第一个官窑，理由是：

1. 平江府烧造的礼器不合格，朝廷才自设官窑。

《中兴礼书》卷九《郊祀祭器一》载："十四年七月八日，上谕宰执：国有大礼，器用宜称，如郊坛须用陶器，宗庙之器，亦当用古制度等。卿可访求通晓礼器之人，令董其事。"

显然，高宗对绍兴十三年郊祀使用的礼器十分不满，无奈之下决定设立礼器局，重新改造礼器。到绍兴十六年大礼时，真正合格的礼器才烧造成功，而这些全新的礼器都是由礼器局制造的，与平江府没有任何关系。平江窑为朝廷烧造的礼器只使用了一次就被废弃了，同样是一个临时为朝廷搭烧礼器的民窑而已。

2. 平江府为朝廷烧制的是陶质礼器，不是瓷质礼器。

苏州阳山出产的白土属于高岭土，高岭土因烧结度高不能单独用来制瓷，虽然平江发现和使用高岭土的历史要远远早于景德镇，但一直没有掌握多元配方的技术。多元配方是景德镇在使用麻仓土时发明的一种新的技法，这种特殊的烧制方法直到到元代才成熟，故平江从古至今都只产陶塑而没有名瓷。显然，平江在南宋时还无法用高岭土来烧制瓷器，更不可能烧成顶级的瓷质礼器。那么，南宋朝廷为什么会到平江府去烧造礼器？真正的原因是绍兴十三年朝廷从民间寻得《宣和重修博古图》，这一年正值大礼之年，此前在余姚窑都是依《三礼图》来烧制礼器的，而《三礼图》早在宋徽宗时就已经被认定为"诸儒臆说，于经无据"[3]，需要按博古图重新改造，十余年的经验表明寺龙口窑和低岭头窑都没有烧成合格瓷质礼器的能力，朝廷只好用陶质礼器来替代瓷质礼器。《中兴礼书》卷九郊祀祭器，礼部上奏：

> 窃闻朝廷已求得《宣和博古图》本，欲乞颁之太常，俾礼官讨论改造，将来大礼祭器悉从古制，以称主上昭事神祇祖考之意。

陶器可以完美地再现青铜礼器上的繁文缛节，最符合郊祀"器用陶匏"的古制。平江陶塑技艺天下闻名，相比寺龙口窑和低头岭窑烧制的四不像瓷质礼器更接近青铜礼器，所以，朝廷在平江定烧的只能是陶质礼器，而不是瓷质礼器。陶质礼器与北宋官窑的瓷质礼器没有可比性，更无法让高宗满意，烧制陶质礼器的平江窑当然不属于官窑。

（三）杭州老虎洞窑址不是南宋第一个修内司官窑

杭州先后发现了乌龟山窑和老虎洞窑两座古代遗址，考古挖掘方认定乌龟山窑址是南宋郊下坛官窑，老虎洞窑为南宋第一座修内司官窑。但根据我的研究，乌龟山窑和老虎洞窑遗址都不是南宋官窑，而是元代官窑。因为这两座窑址里没有找到任何南宋的款识，却都有元代的物证；尤其是老虎洞窑遗址中发现了许多八思巴铭文窑具和元代"官窑"铭款的残碗。根据考古挖掘的基本原则，老虎洞窑首先是一座元代的窑址，与南宋第一座修内司官窑没有任何关系。

考古发掘的结果证明，老虎洞窑遗址确实是一座连续烧造的窑址，没有停烧的痕迹。如果老虎洞窑真的是南宋第一个官窑，这个官窑应该是从绍兴十五年开始，一直延烧到元末，连续时间长达230余年之久，且从没有中断过。这样的话，就有如下几个问题无法解释：

首先，老虎洞窑地处凤凰山离皇城后苑只有百米之遥，仅已发现的龙窑就有三座，如此一座大型的官窑窑厂，在皇宫眼皮底下整日黑烟弥漫实在是无法想象。高宗对居住环境的要求极为严格，喧闹尤其是烟火绝对禁止。《四朝闻见录》丙集载：

> 高宗建行阙于凤凰山，林木蓊如，鸦以千万计，朝则相呼，鼓翼以出，啄粟于近郊诸仓，昏则整队而入，鸣噪聒天。高宗在汴，未尝闻此，命内臣领修内司诸儿聚弹射，而驱之临平赤岸间，去阙十五六里，未几如初。

对鸟儿嘈杂尚且不可原谅，岂能容忍长年累月近在眼前的窑火？更何况南宋临安城内火灾多发，曾有过四次大火：绍兴二年（1132）五月庚辰，"临安大火，亘六七里，燔万数千家"。嘉定元年（1208）三月，杭州大火，"燔御史台、司农寺、将作军器监、进奏文思御辇院、太史局、军头皇城司、法物库、御厨、班直诸军垒，延烧五万八千九十七家。城内外亘十余里，死者五十有九人，践死者不可计。城中庐舍九毁其七，百官多僦舟以居。"嘉定四年（1211）三月丁卯，杭州大火，"燔尚书中书省、枢密院、六部、右丞相府、制敕粮料院、亲兵营、修内司，延及学士院、内酒库、内宫门庑，夜召禁旅救扑。太室撤庙庑，迁神主并册、宝于寿慈宫。翼日戊辰旦，火及和宁门鸱吻，禁卒张隆飞梯斧之，门以不焚。火作时，分数道，燔二千七十余家"。嘉泰十三年（1220）十一月壬子，杭州火，"燔城内外数万家，禁垒百二十区"。其中，嘉定四年大火直接烧到了皇城边，而万松岭、老虎洞窑所在地正是火灾的重灾区，修内司、雄武营几乎被烧成灰烬，胡雪岩故居附近至今还能找到当年大火烧过的遗痕，老虎洞窑址里竟没有任何被大火焚烧过的痕迹，说明老虎洞窑不是嘉定四年前设立的。南宋皇城防火严厉，皇城边上的这个终日烟火缭绕的官窑必定会因这场大火而终止，老虎洞窑如果真的是南宋第一个官窑，早在南宋中期就已经不复存在了，没有连续烧造到元末的可能。

其次，官窑是烧造祭祀天地礼器的特殊窑场，国家祭器和生产技术绝不容许随便外流，历史上极少有人知道官窑的存在，说明官窑的管理和湮埋制度十分严格。南宋长期与蒙古军对峙，不是突然崩溃的，有足够的时间来处理官窑，绝无可能把这个官窑留给蒙古人或民间。何况，当时蒙古大军兵临城下，南宋王朝危在旦夕，朝廷官员和百姓大量逃离，官窑还有继续存在的理由吗？元军占领临安后，皇宫内的人员物品全部被清空，一年后皇城周边又突发大火，大半个皇城被焚毁。可见，无论是火灾还是元灭南宋，任何一次变故都足以让皇城边上的这个官窑消失，不可能从南宋初期一直延续到元末；而且，窑址里只有元代的款识却没有任何南宋的物证。很明显，老虎洞窑址设立的年代没有其他可能，只能是从元代中期开始，是一座元代的官窑。只有这样，老虎洞窑址没有中断、一直延烧到元末的事实才能有一个合理的、符合逻辑的解释。

（四）南宋第一座官窑在浙江丽水

古今中外几乎所有的人都认为，第一个南宋官窑必定是出自杭州，其他地方出现的官窑类瓷器全部是仿品。但事实上南宋第一个官窑就在浙江龙泉的丽水。为什么会是丽水而不是杭州？其原因是：

1. 杭州没有烧制官窑礼器的能力和技术。

官窑瓷质礼器代表着中国古瓷的最高水准，需要极高的技术，基本是由该行业水准高、实力强的地方来承担。《中兴礼书》中记载：绍兴元年和绍兴四年，陶瓷礼器都是在余姚烧造的，绍兴十三年则是交由平江府烧制。余姚窑是越窑的传统窑场，平江窑也有悠久的泥塑历史，临安府却一直只负责竹木祭器制作，从没有烧造过陶瓷礼器，这说明临安府当时并不擅长瓷器制作，也没有制瓷的基础和经验。

杭州虽然有紫金土，但窑业不发达，历史上也没有出过名瓷名窑，缺乏能工巧匠和丰厚的技术积累，不可能烧成官窑礼器这种顶级瓷器。许多人认为南宋官窑是北宋官窑的工匠在杭州烧制成功的，其实这完全是想当然。北宋官窑无人见识过，拿什么来证明南宋官窑就是北宋官窑的窑工烧成的？何况南宋朝廷十余年来在多处烧制礼器，竭尽全力却一直没有获得成功，如果真是北宋官窑工匠烧造的，合格的礼器早就烧成了，不需要花费这么长的时间和这么多的人力物力，更不需要专门建立礼器局来研究仿制北宋的新成礼器。很显然，从绍兴元年到绍兴十六年南宋朝廷烧造的礼器都与北宋官窑的窑工没有任何关系。

实际上，南宋官窑是朝廷在龙泉使用龙泉的工匠研制成功的，所以南宋官窑中有许多龙泉特有的器型，如五管瓶、穿带瓶、大吉瓶、盖罐等，而与北宋官窑的器型相距甚远，这从另一个方面印证了南宋官窑确实不是北宋官窑的工匠所为，而是龙泉工匠的杰作。

图一　龙泉窑五管瓶　四川宋瓷博物馆藏品　　图二　丽水窑五管瓶　元明会馆藏品

图三　龙泉窑大吉瓶　四川宋瓷博物馆藏品　　图四　丽水窑大吉瓶　元明会馆藏品

图五　南宋龙泉窑鱼纹盘　美国明斯顿馆藏品

图六　南宋丽水窑双鱼大盘　元明会馆藏品

2. 南宋初期只有龙泉窑才有烧制出官窑礼器的实力。

官窑这种最高品质的瓷器，只能是在窑业最发达、水准最高的地区和窑口中产生，北宋官窑如此，南宋官窑也同样如此。龙泉窑是金兵入侵后江南唯一没有受到战争破坏和影响的青瓷窑场，并在南宋时期达到顶峰。龙泉地区经过长时间的积累和进化，已成为南宋时期水准最高、最重要的青瓷产地，出现了许多优秀的窑口，拥有众多的制瓷高手和最高的技术，理所当然地成为南宋皇室和朝廷用瓷的首选。但金兵南侵使南宋朝廷疲于逃亡，加上龙泉距离绍兴有 260 余公里，路途遥远，交通不便，根本无法去龙泉烧制礼器，所以，南宋初期礼器只能在绍兴附近就近搭烧。南宋与金庭议和称臣后，政治、经济环境等都有了很大改善，这就让朝廷去龙泉选择窑场研发烧制合格的礼器成为可能。

古籍文献中没有龙泉为朝廷烧造礼器的记载，但在考古挖掘中找到了明确的证据。近年来考古有关方面先后在龙泉窑区内的溪口、金村、小梅窑等地发现了许多黑胎青瓷，与南宋官窑极为相近，而且产品中有尊、觚、簋等仿青铜礼器，这些十分特殊的出土青瓷有几个明显的特点：

（1）都有开片；

（2）都是南宋早期的制品；

（3）都与南宋官窑品质相近；

（4）都有仿青铜礼器器型；

（5）都没有延续到元代。

除文博官方考古挖掘找到的窑址之外，丽水一带也发现了许多类官窑瓷器，甚至比溪口瓦窑垟和小梅瓦窑的产品更出色。那么，丽水这些黑胎青瓷究竟是什么性质的瓷器？与其他龙泉黑胎青瓷有什么关系？为什么黑胎青瓷会同时出现在这么多民窑中？又为何突然集体消失？

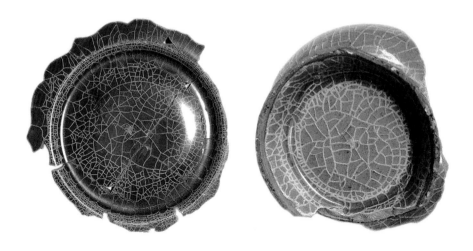

图七　南宋龙泉窑黑胎青瓷瓷片　浙江丽水龙泉博物馆藏品

图八　南宋龙泉窑黑胎青瓷瓷片　浙江丽水龙泉博物馆藏品

学术界绝大多数的人认为龙泉黑胎青瓷是仿南宋官窑制品。2012年文博的一些专家将小梅窑认定为哥窑窑址,但我经过考证后发现,龙泉黑胎青瓷不是仿品,更不是"哥窑",而是南宋朝廷在龙泉研制礼器的试验品,其中丽水发现的黑胎青瓷窑口就是真正的南宋第一座官窑。其根据是:

第一, 从绍兴元年到绍兴十三年,朝廷在江南各处烧造的礼器全部失败,说明当时南方有条件和实力研制出合格礼器的地方只有龙泉窑,第一个南宋官窑也只能出在龙泉。

第二,黑胎青瓷不是龙泉的传统和主流,而是应朝廷的要求,为朝廷研发礼器而开发的特殊品种。南宋礼器局成立后最紧迫的任务是尽快地烧制出合格的郊坛祭天用瓷质礼器,寻找高水平的工匠只能去龙泉。龙泉窑口众多,究竟谁能烧制出合格的礼器?最有效的办法就是让龙泉各大窑场同时试烧,择优选用。于是,龙泉在短时间内突然涌现出了各种各样的黑胎青瓷,水平各不相同,差异明显,其中有一些十分奇特的、呈瓜皮白络纹样的开片就是龙泉工匠在试烧中的不成熟制品。朝廷根据试验所得的结果,挑选水准最高、最符合要求的工匠在丽水建立官窑,最终烧制出了合格的礼器,其他各个窑场中的黑胎青瓷也就不复存在,而由官窑独家烧造。所以,龙泉黑胎青瓷不是仿南宋官窑,而是仿北宋官窑产品,是龙泉的工匠为南宋礼器局研制礼器而烧制的试验品,它们散落在龙泉的各个窑址中,并不是单独的窑口,更没有形成独立的地层。这些黑胎青瓷烧制的年代只能是在绍兴十五年至绍兴十六年之间,存在的时间也非常短暂,前后不超过一年。这就是龙泉黑胎青瓷会突然出现,又突然消失,窑口众多、品质多样,而且白胎黑胎会同时存在,都没有延续到元代的真正原因。

第三,龙泉黑胎青瓷基本都是天青釉,只有丽水窑的产品釉色齐全,不仅有天青釉,还有米黄、月白、青绿釉,符合祭祀天地和四季的祭器颜色上所有的要求。其中,在其他黑胎青瓷的窑址里都没有发现的最神秘的"传世哥窑"也在丽水窑中找到(图一〇),显然,丽水的这个窑口不是民窑试烧礼器的场所,而是一座真正的南宋官窑。

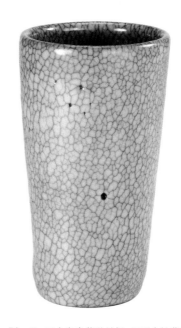

图九 台北"故宫"藏南宋官窑量杯(一)　　　图一〇 丽水窑米黄釉量杯 元明会馆藏品

第四,两岸故宫和世界各大博物馆中所收藏的许多南宋官窑瓷器无论是器型还是釉质都可以在丽水窑找到同类,而在老虎洞窑址和乌龟山窑址中根本找不到,说明丽水窑才是这些馆藏传世官窑和哥窑瓷器的真正产地。这是我所发现的丽水窑出土的底部印刻有"官"铭文的方炉,器型、釉色及尺寸都与台北"故宫"所藏的方炉完全相同,直接证明丽水窑就是南宋的第一座官窑。(图一一)

图一一　丽水窑"官"字款青瓷方炉　元明会馆藏品

图一二　台北"故宫"藏南宋官窑青瓷方炉

16

图一三　台北"故宫"藏南宋官窑量杯（二）　　　图一四　丽水窑米黄釉量杯　元明会馆藏品

图一五　台北"故宫"藏南宋官窑量杯（三）　　　图一六　丽水窑开片釉量杯　元明会馆藏品

图一七 南宋官窑天青釉方盆 北京故宫藏品

图一八 丽水窑南宋天青釉方盆 元明会馆藏品

图一九　丽水窑南宋米黄开片釉方盆　元明会馆藏品

图二〇　丽水窑南宋月白开片釉方盆　元明会馆藏品

台北"故宫"所藏的南宋官窑天青釉蟠龙纹洗（图二二），曾被乾隆皇帝当成汝窑洗收录在皇家典藏《珍陶粹美》中，同类的蟠龙纹洗被我在丽水窑中找到（图二三），由此证明故宫旧藏的极大多数官窑瓷器确实都是丽水窑的产品，与老虎洞窑址无关。

图二一　《珍陶粹美》之一　台北"故宫"藏品

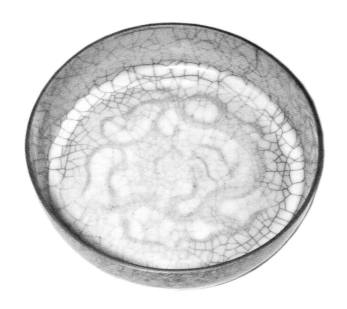

图二二　南宋官窑天青釉蟠龙纹洗　台北"故宫"藏品

图二三　南宋丽水窑开片釉蟠龙纹洗　元明会馆藏品

3. 丽水窑出土的款识、窑具及出土瓷器。

丽水窑中的款识少有，已发现的只见"官"、"鱼"和"小鱼"等铭款；原因是丽水窑完全是为烧制郊坛瓷质礼器而设立的，产品主要就是礼器，祭祀天地的礼器至尊至高，当然不会有任何铭款文字，在礼器上打款是对天地神灵的不敬，无论是北宋官窑还是南宋官窑，我所找到的郊坛祭器上都没有款字。有款识的官窑瓷器属于生活和陈设用瓷，不会是郊坛祭器。瓷器底足上的铭款是为表明产品的用途、使用的对象和所属的部门而已。丽水窑在烧成礼器后不久就搬迁到杭州，当时临安皇城大部分的宫殿楼宇都尚未建成，丽水出土的瓷器中找不到"内苑"、"寿德苑"及"后苑"等款识也就十分正常，这些款识只能在丽水窑搬迁到杭州后的南宋第二个官窑中才会出现，说明丽水的这个官窑存在的时间很短。另外，龙泉的黑胎青州都没有款识，而且只有一种天青釉，其实这并不奇怪，黑胎青瓷本身都是朝廷为测试窑工的水准和能力而烧造的试验品，只是试验和试烧品，并不是成品和正式的官窑产品，所以，绝大多数没有款识。

丽水窑的窑具有一个显著的特点，就是支钉垫饼等制作都非常的工整精细，一丝不苟，非一般民窑可比。不仅如此，丽水窑的胎色与龙泉的其他黑胎青瓷相比也有所不同：不仅有灰黑胎，而且还有黄褐胎，烧成后呈咖啡色，俗称"砖胎"。这种"砖胎"在杭州卷烟厂工地依然能够找到，而老虎洞窑址和乌龟山窑址中都没有这种胎色，但卷烟厂瓷片中却有这种瓷胎，恰好证明了卷烟厂的这个南宋官窑窑址正是从丽水搬迁而来。同时，丽水窑中的器型应有尽有，釉色开片品种齐全，尤其是被后世所津津乐道的"传世哥窑"也在丽水窑中被发现，完全符合郊坛礼器祭祀天地和四时所必须的各项要求。很显然，丽水窑才是真正的南宋第一座官窑，学术界有关"传世哥窑"以及龙泉黑胎青瓷都是民窑仿官窑的定论根本不能成立。

图二四　丽水窑"小鱼"款支钉　元明会馆藏品

图二五　丽水窑"小鱼"款支钉　元明会馆藏品

图二六　丽水窑"鱼"款支钉　元明会馆藏品

图二七　丽水窑垫饼　元明会馆藏品

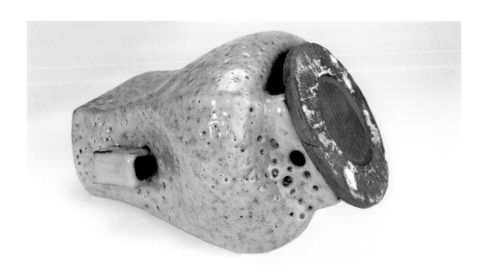

图二八　丽水窑窑粘品　元明会馆藏品

图二九　丽水窑米黄釉琮式瓶（一）　元明会馆藏品

图三〇　丽水窑的米黄釉琮式瓶（二）　元明会馆藏品

图三一　丽水窑垫饼　元明会馆藏品

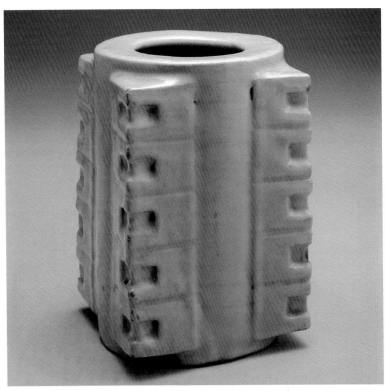

图三二　南宋官窑天青釉琮式瓶　台北"故宫"藏品

图三三　丽水窑出月白釉弦纹瓶（一）　元明会馆藏品

图三四　丽水窑月白釉弦纹瓶（二）　元明会馆藏品

图三五　丽水窑月白釉瓯（一）　元明会馆藏品

图三六　丽水窑月白釉瓿（二）　元明会馆藏品

图三七　丽水窑天青釉簋（一）　元明会馆藏品

图三八　丽水窑天青釉簋（二）　元明会馆藏品

图三九　丽水窑天青釉琮式瓶（一）　元明会馆藏品

图四〇　丽水窑天青釉琮式瓶（二）　元明会馆藏品

二、南宋第二个官窑在杭州

南宋朝廷使用龙泉的工匠在丽水终于烧制成合格的郊坛祭祀用礼器，并建立了第一个南宋官窑，之后因为路途远，交通不便，又将丽水的这个官窑移到了杭州，杭州出现的官窑实际上是南宋的第二个官窑，这就是为什么杭州和龙泉地区都会有类官窑瓷器存在的原因。

许多人把龙泉出土的黑胎瓷器都看成是仿官窑，其实这不是事实。考古发现龙泉的黑胎青瓷都是南宋早期的产品，说明龙泉的黑胎青瓷与南宋官窑是同时代的产物，民窑有冒犯王法去仿造皇家礼器的可能吗？这些品质和水准都远在龙泉传统产品之上的黑胎青瓷，怎么会突然全部消失？仿制这种高水平的瓷器究竟是为了什么？元代龙泉窑又为什么不继续烧制这些瓷器？这一切几乎都无法解释，但如果把这些黑胎青瓷看成是龙泉工匠为朝廷烧制的礼器试验品，所有的问题也就迎刃而解。

（一）文献记载的错误及对后世的不良影响

南宋第一个官窑在杭州的说法，源自南宋的叶寘，《坦斋笔衡》载：

中兴渡江，有邵成章提举后苑号邵局，袭故京遗制，置窑于修内司，造青器，名内窑，澄泥为范，极其精致，釉色莹澈，为世所珍。后郊坛下别立新窑，亦曰官窑，比之旧窑，大不侔矣。

叶寘生于宋光宗绍熙（1190—1194）末至宋宁宗庆元（1195—1200）年间，是个落第生，未得到过功名。直到宋末宋度宗咸淳三年（1267），以七十高龄由监司论荐，补了个迪功郎、本州签判，属九品的地方小吏，以叶寘这样的地位根本进不了郊坛，也见不到官窑和礼器。而且，绍兴十五年（1145）高宗建官窑时叶寘尚未出生，成年后写作《坦斋笔衡》已是六十年以后的事情了，当然不知道第一个南宋官窑是怎么诞生的。

那么，叶寘有关官窑的这些记叙究竟从何而来？只能是道听途说。与《坦斋笔衡》同时代的《负暄杂录》也有类似的记载，就连错误之处也完全相同，说明当时确实另有版本，叶寘和顾文荐都是引用了他人的笔记，并添加了一些自己的看法而已。客观地说，《坦斋笔衡》和《负暄杂录》都只是传闻，不是史记，内容有对有错，可以参考，不能作为直接证据来使用。如邵成章实际上并没有主持过南宋官窑事务，明显是错误的；再如叶寘说设立北宋官窑是因为定窑"有芒不堪用"，完全就是臆猜，杭州皇城遗址出土了大量定窑残片，证明叶寘所言不实。何况，"官窑"这个名词也不是叶寘首创，早在叶寘之前南宋李纲的《梁溪全集》中就有记载[4]。叶寘的问题出在不懂礼器，本身只是一介草民，没进过朝堂，不知道北宋官窑和南宋官窑是为烧制郊坛瓷质礼器而设置的专职机构，更不清楚南宋第一个官窑是龙泉的工匠在丽水烧制成功的，错把杭州看作是南宋官窑唯一的产地，直接误导了后世。

明初的曹昭对叶寘的"杭州官窑论"深信不疑，并进一步添油加醋，武断地把龙泉地区所产的各种黑胎青瓷全部都认定为仿南宋官窑产品。《格古论要》载：

> 官窑器宋修内司烧者土脉细润，色青带粉红，浓淡不一，有蟹爪纹紫口铁足，色好者与汝窑相类，有黑土者谓之乌泥窑，伪者皆龙泉所烧者，无纹路。

可见，曹昭对官窑的认知极其有限，但他的"龙泉皆仿官"的观点对后世影响巨大，早已成为定论，历代相传。学术界的许多人也一直把叶寘和曹昭的说法当作事实来看待，甚至作为窑址考古挖掘的直接证据来使用，最终把杭州乌龟山窑址和老虎洞窑址认定为"南宋郊坛下官窑"及"南宋第一座修内司官窑"，给南宋官窑带来了毁灭性的灾难。

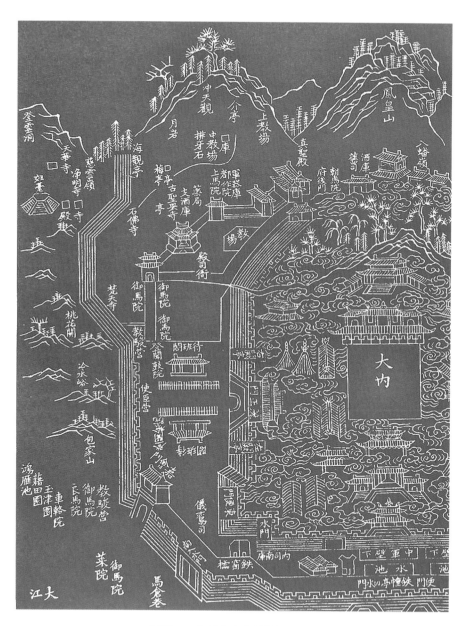

图四一　杭州南宋皇城图（一）

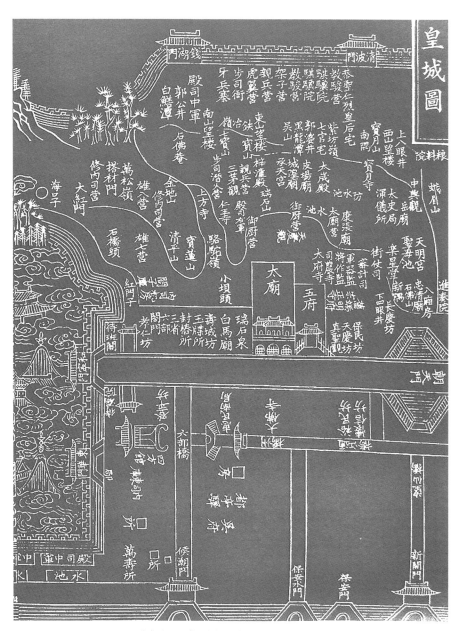

图四二　杭州南宋皇城图（二）

（二）南宋第二个官窑建立的时间与地点

南宋的第二个官窑究竟是什么时候从丽水迁至杭州来的？又建在什么地方？确实有必要搞清楚。成书于1265—1274年的《咸淳临安志》曰："青器窑在雄武营山上、圆坛左右。"据此可以确认，杭州的这个官窑最晚是在1265年建立的。更早时期的《乾道临安志》（1169）中却没有"青器窑"的记载，这里面可能存在两种情况：一是青器窑是南宋乾道年以后才建立的；二是该版本的原版残缺较多，有关官窑的记载缺失无存，因而无法作出判断。从现有的文史资料来看，南宋的的第二个官窑因该是在绍兴十六年之后、十九年之前设立的。《中兴礼书·卷十二》中有过这么一段记载：

工部状据辖军器所申，契勘见承指挥，添修太常寺景钟等，数内铜钟祭器等共二万七千五百九十三件，缘上件礼器原系礼器局制造，今来除铜器、竹木器，本所差人编检相验可以添修外，有陶器共二千二百三十八件，内有不堪四百六十件，难以添修。窃见太庙陶器，见委临安府添修，付乞指挥一就令临安府添修制造。

绍兴十六年大礼之后，礼器局在完成了礼器改造任务之后被撤销，其所有的职能都交由临安府来接管。临安府在南宋时地位相当于京师，掌理礼器事务实属正常。丽水窑距杭州较远，交通又极不方便，临安府为便于烧造和管理，最好的办法就是将丽水的这个官窑搬迁到杭州来，南宋第二个官窑建立的时间应该是在绍兴十九年郊祀大礼之前。这样的话丽水的这个官窑实际存在的时间就很短，前后不超过五年。由于官窑礼器的制造和使用向来十分隐秘，后世几乎无人知道它的存在，再加上历代古玩商人讹传，丽水这个曾经在中国古代陶瓷史上放射过灿烂光芒的南宋第一座官窑被当成仿品备受歧视，最终消失在黄土之下。

根据《咸淳临安志》的记载，南宋杭州有过两个官窑，地址一个在雄武山上，另一个就在郊坛的附近。这两座官窑应该是有先后的，不是同时建造的，因为绍兴十九年大礼只是"添修"部分受损的礼器而已，瓷质礼器的烧制量并不大，不需要建两座官窑。从地貌来看，雄武营和修内司营都在凤凰山的万松岭一带，距皇城只有百米之遥；南宋郊坛则在玉皇山上，离皇城有数公里左右。由此可见，丽水移到杭州的官窑只能是先去雄武营山，后搬至郊坛。当时南宋皇城及主要建筑尚未建成，万松岭周边人烟稀少，在此建窑并无大碍。但随着皇城和六部三省建成及附近民居大量增加，尤其是嘉定四年的火灾，官窑迁至郊坛理所当然。所以《坦斋笔衡》"置窑于修内司"，"后郊坛下别立新窑"的说法是正确的，但仅指南宋的第二个官窑和第三个官窑，不是第一个官窑。杭州考古挖掘方却利用叶寘的记叙，跳过元代官窑和丽水窑这个南宋第一座官窑，直接把老虎洞窑址认定为南宋第一个修内司官窑，人为地改变了老虎洞窑址的性质。事实上，老虎洞窑址里有大量的元代物证，却没有任何南宋绝对纪年物，按照考古挖掘的原则只能定为元代的窑址，怎么会变成南宋第一座修内司官窑呢？很多人认为元代没有官窑，这是想当然而已。元史记载[5]，元英宗曾命"浙江行省"烧造郊坛使用的新礼器，万松岭有元代官窑存在并不奇怪。这表明，南宋时杭州确实有官窑存在，但不是老虎洞窑和乌龟山窑，而是另有窑址，我已找到的证据有：

1. 杭州卷烟厂工地出土的瓷片。

卷烟厂工地就在万松岭南坡老虎洞窑址的下游，位置正好是南宋修内司营所在地，这里群山环绕，很适合建窑。《乾道临安志 卷一·军·营》称："修内司壮役等指挥，在万松岭下。"《咸淳临安志》记载的"青器窑"在雄武营上，就是现在的卷烟厂工地。1997 年卷烟厂建地下车库时出土了大量的官窑型瓷片和窑具，许多瓷片上还粘连着支钉、垫饼。

这些瓷片和窑具有如下几个显著的特点：

（1）有许多窑次和窑粘品；

（2）没有任何元代的款识物证；

（3）胎质和釉质都与丽水官窑相同，与老虎洞窑及乌龟山窑址的产品明显不同；

（4）器型包括盘、瓶、炉、洗、盏托、觚、套盒、盒、器座、碗、器盖及祭器，其中一些体型硕大；

（5）釉色多种多样，有天青、黄色、月白和绿色等，符合郊坛礼器的特征。

显然，卷烟厂工地出土的这些瓷片和窑具是一个南宋官窑遗址中的部分遗存，应该就是从丽水搬迁到杭州的南宋第二个官窑，出土的瓷片釉色、开片及胎色都与丽水窑相同。老虎洞窑是1996年7月发现的，早于卷烟厂工地半年，它们相互的直线距离不足千米。卷烟厂这个南宋官窑窑址的发现，给老虎洞窑址挖掘方带来巨大的压力，因为老虎洞窑址从一开始就已经被内定为"南宋修内司官窑"，如果卷烟厂工地真的是一座南宋官窑遗址的话，老虎洞窑址的定性就会被推翻；而且乌龟山窑址和杭州南宋官窑博物馆也将受到冲击，有关南宋官窑所有的考古结论都将被颠覆，这当然不会被容许，最好的办法就是让其消失。卷烟厂工地连续半个月车轮滚滚，垃圾场倾倒的废土堆积如山，天天人山人海哄抢瓷片，杭州无人不知，连远在北京、上海的古瓷爱好者也都赶去捡瓷片，轰动了整个文博系统和古瓷界，而当时的杭州老虎洞窑址考古挖掘方亲眼目睹了这一奇观，竟不闻不问，视而不见，任由这个南宋官窑窑址的遗物被大肆盗抢倒卖，没有采取任何有效的措施，导致杭州卷烟厂工地的这个极为珍贵的南宋官窑遗址被钢筋水泥浇灌，彻底绝灭。

杭州卷烟厂工地出土的瓷片和浙江丽水出土的瓷器胎色和釉质比较：

图四三　卷烟厂工地出土瓷片 2010 杭州南宋官窑博物馆"清雅南宋瓷器精品展"展品

图四四　丽水窑出土的南宋开片釉盏托　元明会馆藏品

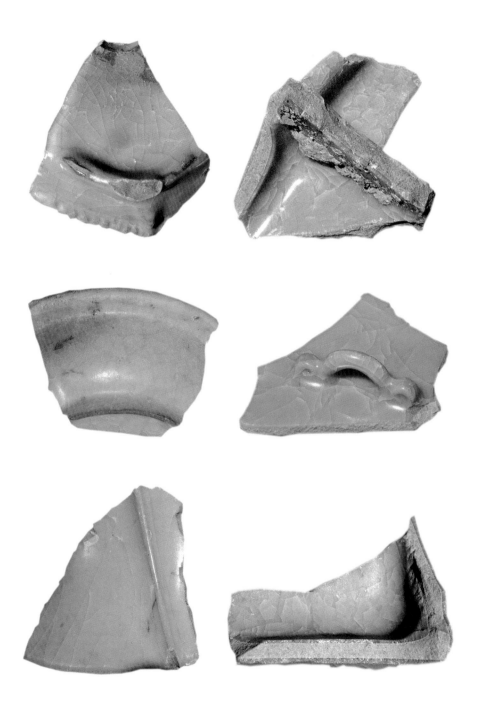

图四五　卷烟厂工地出土瓷片　杭州南宋官窑博物馆"清雅南宋瓷器精品展"展品

图四六　浙江丽水窑出土的月白釉盖罐　元明会馆藏品

从对比中可以看出，卷烟厂工地出土的瓷片与丽水出土的瓷器和瓷片高度一致，尤其是砖胎和莹润的大开片唯丽水窑和卷烟厂出土独有，在老虎洞窑址和乌龟山窑址中根本不见，毫无疑问，卷烟厂工地才是一座真正的南宋官窑窑址。舆论对杭州有关方面放任这座窑址被毁的行为提出了质疑，杭州窑址挖掘方的辩解是：老虎洞窑址和卷烟厂在万松岭山上山下的位置，中间有山路和溪流相连，因此，这批瓷片和窑具当为老虎洞修内司官窑的废弃物，被溪水自然的力量湮埋在此。然而，绝大多数的瓷片、窑具都是挖土机从工地的地下五米左右的土中挖出来的，和溪流无关。而且，大量的窑址垃圾岂能通过这么小的溪水流传到下游？小溪本是泄洪水道，时盈时枯，如何能湮埋这些窑场次品？根本无法成立。于是挖掘方又给出另一个说法：对照南宋《咸淳临安志》所附《京城图》，发现这一地点与当时的阁子库和内司房的位置大致相合，由于这批遗物中的窑具只是一些支烧窑具，并没有匣钵之类，因此这一地点应是储藏修内司官窑最新产品的一处仓库；至于支钉窑具的出现，可能是刚出窑时部分尚与器物粘连，拿到这里后再进行剥离的缘故。[6]官窑残次品怎么会拿到皇家的礼器库房去剥离窑具？纯属捏造。可见，杭州卷烟厂的这个南宋官窑遗址被毁的确是人为造成的，只有让卷烟厂这个真正的南宋官窑消失，死无对证，才能把老虎洞这座元代官窑弄成南宋第一座修内司官窑。杭州凤山门、建兰中学、馒头山等地都发现有官窑瓷片和窑具，但无一例外地被认定为老虎洞窑的产品或者是仿品。杭州的文博专家公开放言：民间收藏完整的修内司官窑几乎不可能。[7]这就彻底否决了所有的南宋官窑出土器。于是，杭州面世的各种窑址品都被定成现代仿品作鸟兽散，流向了上海的各个古玩市场，真正的南宋官窑遗址就这样全部烟消云散，再度被埋入黄土之中。

2. 我所发现的南宋官窑窑具和瓷器。

有窑址的地方不光会有瓷片，一定有整器和窑具，窑次品则更多。卷烟厂只是南宋这个官窑窑址的一小部分，并不是全部，附近应该还有更多的窑址遗物存在，许多人心知肚明，当然不会放过这种千载难逢的好机会。卷烟厂工地到底挖掘到多少东西不得而知，但可以肯定，流出的窑址物品数量惊人。杭州窑址挖掘方也弄到了不少的卷烟厂瓷片，却号称这些瓷片都是老虎洞窑址出品，并用这些瓷片做检测，来证明老虎洞窑址是南宋官窑。可见，老虎洞窑址从一开始就已经被人为搞乱。

除卷烟厂工地外，杭州还另有一座官窑窑址存在，位置就在玉皇山上的南宋郊坛附近。这两座真正的南宋官窑窑址多年前就已经面世了，大量的窑址品早就出土并流进了古玩市场。我是 2002 年间因病回国，就住在上海南京西路的上海电视台对面，楼下就是当时上海最著名的南京西路古玩市场。我至今未到任何窑址做过考察，连景德镇也没去过，绝大多数的瓷器都是在上海的这些古玩市场上买到的。十余年来，我在市场上买到的东西数不胜数，事实上，古玩市场里应有尽有，经常可以见到各种窑址品。我把我买下的这些珍贵瓷器和窑址品捐给了杭州南宋官窑博物馆和故宫，却全部被拒绝，因为我发现的这些东西及相关研究成果推翻了相关部门的考古结论，这让人十分难堪，当然不会接受。

款识是窑址遗存中最重要的证据，我找到的南宋官窑铭款有"苑德寿""内苑""后苑""高师古"等，这些款识足以证明窑址的年代和属性；而且，南宋官窑遗址出土的瓷器及窑具，无论是胎、釉、器型，还是支钉、垫饼等都与乌龟山窑址和老虎洞窑址的产品不同，这说明杭州乌龟山窑址和老虎洞窑址都只是元代官窑，与南宋官窑无关。现将我发现的各种南宋官窑瓷器及窑具公布如下，供专家学者参考。

杭州出土的南宋官窑砖胎、黑胎、白胎支钉及窑次品：

图四七　杭州出土的南宋官窑砖胎"内苑"款支钉　元明会馆藏品

图四八　杭州出土的南宋官窑砖胎"官"款支钉　元明会馆藏品

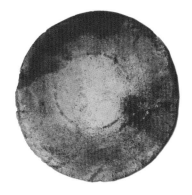

图四九　杭州出土的南宋官窑砖胎"坤"款支钉　元明会馆藏品

图五〇　杭州出土的南宋官窑黑胎"内苑"款方形支钉　元明会馆藏品

图五一　杭州出土的南宋官窑黑胎"内苑"款圆形支钉　元明会馆藏品

图五二　杭州出土的南宋官窑黑胎"内苑"款圆形支钉　元明会馆藏品

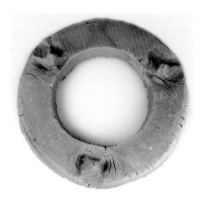

图五三　杭州出土的黑胎"高师古"款支钉　元明会馆藏品

图五四　杭州出土的黑胎"官"款支钉　元明会馆藏品

图五五　杭州出土的黑胎"寿德苑"款支钉　元明会馆藏品

图五六　白胎"寿德苑"款支钉　元明会馆藏品

图五七　白胎"坤"款支钉　元明会馆藏品

图五八　白胎"内苑"款支钉　元明会馆藏品

图五九　白胎"高师古"款支钉　元明会馆藏品

图六〇　白胎"官"款支钉　元明会馆藏品

图六一　白胎"戊"款支钉　元明会馆藏品

图六二　杭州出土的南宋官窑黑胎支钉　元明会馆藏品

图六三　　杭州出土黑胎"戌"款垫圈　元明会馆藏品

图六四　杭州南宋官窑"寿德苑"款贯耳瓶（一）　元明会馆藏品

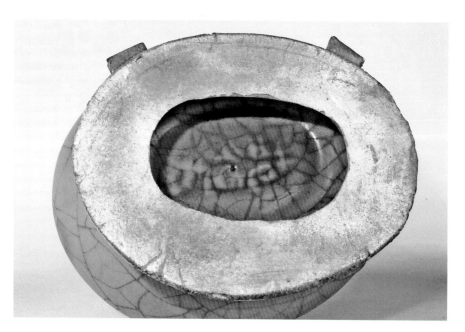

图六五　杭州南宋官窑"寿德苑"款贯耳瓶（二）　元明会馆收藏

图六六　杭州南宋官窑"坤"字款支钉垫饼窑粘　元明会馆藏品

图六七　杭州出土的南宋官窑天青釉八方长颈瓶（一）　元明会馆藏品

图六八　杭州出土的南宋官窑天青釉八方长颈瓶（二）　元明会馆藏品

图六九　杭州南宋官窑天青开片釉双耳壶（一）　元明会馆藏品

图七〇　杭州出土的南宋官窑天青开片釉双耳壶（二）　元明会馆藏品

三、"传世哥窑"的发现和考证

哥窑是个迷，至今没有找到窑址；哥窑被称为宋代五大名窑之一，但宋代并没有哥窑这个名词，元代也无任何记载。哥窑一说实际上是从明代开始的，而明代嘉靖年间的《浙江通史》明确指出所谓的哥窑只是个"传言"而已，但历代的学者对这个查无实据的"传言"深信不疑，据此把"哥窑"演绎成中国古代的一大名窑，最后又制造出"龙泉哥窑"和"传世哥窑"。可见，学术界的许多人早已把明代的这个"传言"当成了事实，并作为哥窑考古的证据来使用，这说明哥窑的研究从一开始就已脱离了科学考古的范畴，走进了迷信和主观臆想的死胡同，使得哥窑的问题非但没有得到解决，反而越来越复杂。

（一） 哥窑开片的原因和意义

哥窑最大的特征就是有各种各样的开片，瓷器上的开片本是一种窑次，为什么哥窑会有这么多的开片？这些开片又意味着什么？古今中外几乎无人知晓，也没有人深入进行过探索。研究哥窑如果不从开片入手，不知道开片产生的原因和含义，破解哥窑这个谜案也就无从谈起。

2012 年我出版了《北宋官窑的发现和考证》一书，明确提出："没有哥窑，只有北宋官窑"，所谓的"哥窑"只是北宋官窑中的一个开片釉产品。同时我在书中展示了四组成套的礼器，除釉色不同以外，器型、胎色、尺寸都完全相同，说明它们是同时代、同窑口，甚至是同一个工匠制造的产品，这些成系列的礼器当然不是民窑所为，只能是北宋官窑。最有说服力的是，这四套礼器中不仅有标准的天青釉官窑器，也有典型的"哥窑"器，官窑和"哥窑"居然同出一窑，证明"哥窑"不是一个单独的窑口和品牌，北宋时期确实没有哥窑存在。同时，我在北宋官窑中还找到了明清文献中最津津乐道的所谓的"百圾碎"，它们既无紫口，也不见铁足，更没有金丝铁线，而且，全部都是白胎。显然，明清文献记载的所谓的"哥窑"完全是无中生有、以讹传讹！（图七五）

请看我收藏的这四组白胎礼器，全部都是北宋官窑的产品：

图七一　北宋官窑开片釉礼器　元明会馆藏品

图七四　北宋官窑灰青釉礼器　元明会馆藏品

图七三　北宋官窑灰青釉礼器　元明会馆藏品

图七四　北宋官窑灰青釉礼器　元明会馆藏品

再看传说中的"百圾碎"，同样也是北宋官窑中的一个品种。

图七五　北宋官窑天青釉百圾碎贯耳壶樽（一）　元明会馆藏品

图七六　北宋官窑天青釉百圾碎贯耳壶樽（二）　元明会馆藏品

由此可见，开片才是北宋官窑最重要的一个特征，绝大多数的官窑瓷器都有开片，这些开片都不是自然形成的，而是运用特殊的手段人为制造出来的。北宋官窑为什么在如此庄严神圣的国家礼器上特意制作出这许许多多稀奇古怪的开片？开片和礼器又有什么样的关系？实际上，开片是为了表现礼器的天地自然属性，这才是破解哥窑的关键所在。

北宋官窑瓷质礼器是宋徽宗对礼器的一次重大改革，造型主要来自三代青铜礼器。青铜礼器上有非常复杂和繁缛的纹饰，这些纹饰与图腾和巫术有着密切的关系，历来被视为神圣，并不折不扣地继承保留下来，不敢有丝毫的改动。古青铜礼器上的图纹既有固定的样式，也有特殊的含义，它们是礼器必不可少的组成部分。宗庙祭祖用铜器，意在传远，而祭祀天地则"器用陶匏"，是因为"贵其质，尚其自然属性"，所以，郊坛必需使用陶瓷礼器。陶器能够完美地再现各种饕餮图纹，瓷器由于上釉的关系，无法随心所欲地表现青铜器上的雕刻纹线，而且会使三代礼器上复杂的纹饰图案变得面目全非，不伦不类，从而丧失原有的功能，严重影响祭祀的效果。尽管宋徽宗之前历代都烧制过各种各样的瓷质礼器，但无人能够解决"釉"这个难题，更无法得到大儒们的认可，这是瓷质礼器迟迟未能登上郊祀祭坛的根本原因。

宋徽宗虽然不是一个称职的政治家，但不愧是一位才华横溢的天才艺术家，以其丰富的想象力和创造力，对陶瓷礼器进行了大胆的改造。宋徽宗认为："先王制器，必尚其象，然后可以格神明"，祭祀天地用的礼器最重要的是要符合天地自然属性，表现这种自然属性的方式有多种多样，并不一定要墨守成规，死搬生套。利用各种开片来表现宇宙自然的本质的属性，这是开片存在的理由和真正含义，也是宋徽宗的一项了不起的创想发明，更是古代"制物尚象""器以藏礼"的经典案例。

如果我们从空中俯瞰大地，山川河流纵横交错（图七七），天空的电闪雷鸣（图七八）与大小直线纹何等相似；波光粼粼的水面（图七九）与冰裂片又是如此相像；若隐若现的石面纹线更跟官窑器上的纹线如出一辙（图八〇）。

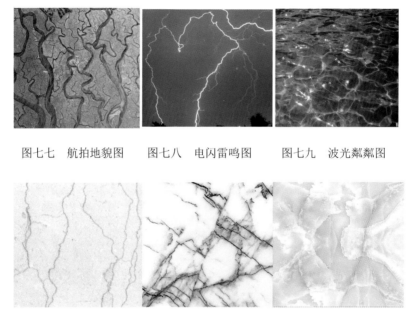

图七七　航拍地貌图　　图七八　电闪雷鸣图　　图七九　波光粼粼图

图八〇　石纹图

北宋官窑摒弃了以往陶制礼器对青铜器的简单模仿，去除了青铜器上的繁缛纹饰，通过各种各样的大小开片，来模拟尚像各种自然地貌景观和万物造化，以釉色像天，以开片像地，抓住周礼对礼器"贵其质"和"尚其像"这两条最本质的要求，用最简单和简洁的方式表现出礼器的"天地自然之性"，一举解决了"釉"这个难题，创造出一种全新风格的瓷质礼器，并成功地推上了郊祀祭台，实在是独具匠心，别出新裁，令人耳目一新，拍案叫绝。

明白了开片产生的原因，哥窑的问题也就迎刃而解。世上确实没有哥窑，只有北宋官窑。南宋官窑是"袭故京遗制"建立起来的另一座官窑，同样尊循瓷质礼器必须符合天地自然属性的原则，当然就会有各种各样的开片。所以，"龙泉哥窑"是不存在的，龙泉黑胎青瓷原本就是龙泉工匠为朝廷研制礼器的试验品，与哥窑无关，更不是民窑仿官窑。明代所谓的"章生一、生二兄弟，各主一窑"的传言纯粹是胡编乱造。缺乏对北宋官窑和南宋官窑精神上的理解，不知道官窑是为烧制合格的礼器而设立的官控窑厂，更不清楚官窑中的开片是为表现礼器的天地自然属性，这是古今中外的研究者无法破解哥窑的真正原因。

图八一　北宋官窑开片釉直颈瓶底足（一）　元明会馆藏品

图八二　北宋官窑开片釉直颈瓶底足（二）　元明会馆藏品

（二）　"传世哥窑"的来龙去脉和真实产地

"传世哥窑"这个称谓实际上是近代才出现的，民国时期故宫的郭葆昌先生在整理馆藏品时，将一些特殊的开片釉器定为"传世哥窑"，广为流传，并成为一种约定俗成。一开始特指两岸故宫、上海博物院及其他博物馆所收藏的米黄或灰白、青灰开片釉瓷器，其中以米黄釉开片器最为典型，上海博物馆藏的五足洗和黄釉盘为标准器。但现在"传世哥窑"的范围有所扩大，泛指这一类的开片釉瓷器，并不局限于馆藏的传世品，同样适用于同种类的出土器。

作为一种开片釉器，"传世哥窑"理论上属于官窑中的一个品种，然而，它与北宋官窑所有的开片都不相同，很明显，"传世哥窑"不是北宋官窑的产品，应该出自南宋官窑。但奇怪的是，它的胎釉及开片与龙泉所有的黑胎青瓷均有所不同，在龙泉的大窑、溪口、金村、小梅窑中都没有发现，甚至在卷烟厂工地和老虎洞窑中也找不到同类，尤其是"传世哥窑"所独有的那种震颤型开片至今无人能仿，十分诡秘神奇，与其他的开片釉器一线划开。这让所有的哥窑迷感到不可思议，幻想着有朝一日能够找到这个既不属于北宋官窑，又不是南宋官窑的"传世哥窑"窑址，让燃烧了数百年之久的狂热的哥窑梦能够梦想成真。可见，如果找不到"传世哥窑"的出处，哥窑的问题的确不能算彻底解决。

2013 年我在市场上发现了一些米黄釉开片器，与"传世哥窑"的特征完全相符，品质之高令人称奇。这些奇特的开片釉器及窑具的产地就在丽水，与南宋第一个官窑同在一处，而且有很多器型、釉色与两岸故宫及大英博物馆的藏品相同，这说明丽水窑才是馆藏的官窑和"哥窑"瓷器的真正的产地。所谓的"传世哥窑"既不是什么民窑，更不是老虎洞窑的产品，而是丽水这个南宋第一座官窑中的一个特殊的开片釉品种，神秘而又无处可寻的"传世哥窑"终于水落石出。

这是大英博物馆收藏的南宋官窑天青釉八卦炉，器型十分罕见，同型瓷器在丽水窑中被我发现，"传世哥窑"怎么会和南宋官窑同在一窑？

图八三　南宋官窑天青釉八卦炉　大英博物馆藏品

图八四　丽水窑南宋月白开片釉八卦炉　元明会馆藏品

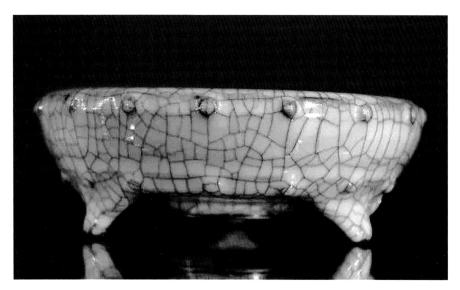

图八五　南宋官窑鼓钉洗　大英博物馆藏品

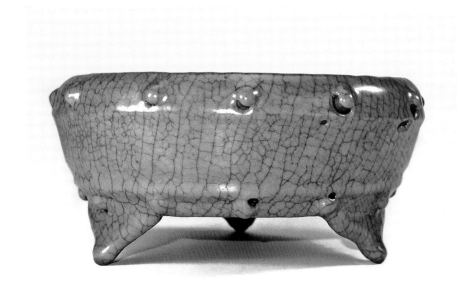

图八六　丽水窑米黄开片釉鼓钉三足洗　元明会馆藏品

图八七　南宋官窑月白釉花盆　台北"故宫"藏品

图八八　丽水窑南宋米黄釉花盆（一）　元明会馆藏品

图八九　南宋天青釉花盆　孙瀛洲先生旧藏　北京故宫藏品

图九〇　丽水窑南宋米黄釉花盆（二）　元明会馆藏品

图九一　南宋官窑三登樽（一）　台北"故宫"藏品

图九二　丽水窑南宋米黄釉三登樽（一）　元明会馆藏品

图九三　南宋官窑三登樽（二）　台北"故宫"藏品

图九四　丽水窑南宋米黄釉三登樽（二）　元明会馆藏品

（三）　"传世哥窑"的胎釉及开片特征

"传世哥窑"的开片和釉质与众不同，胎土更是异类，呈黄褐色，烧成后胎内色红如砖，俗称"砖胎"，底足呈咖啡色，这是"传世哥窑"最典型的胎色，若烧成温度偏高则底足的颜色会变深似巧克力色。砖胎适用于米黄釉和月白釉，而天青釉和绿釉则使用的是黑胎。丽水的黑胎呈灰黑色，与杭州老虎洞窑址、乌龟山窑址的纯黑色的紫金胎明显不同，两者的化学成分也有差异。丽水窑之所以会用两种不同的瓷土来烧制官窑瓷器，是因为不同的釉色和开片对温度的要求是不同的，黑胎铁分多，烧结度也高，适合天青类釉色的显现，但烧不成典型的"传世哥窑"。实际上，只有使用丽水当地特有的黄褐色瓷土和特殊的烧制工艺才能够烧出"传世哥窑"这种非同寻常的釉质和不可思议的震颤型开片。所以，杭州老虎洞窑址和乌龟山窑址都没有"传世哥窑"，龙泉黑胎青瓷中也同样找不到，浙江的丽水窑才是"传世哥窑"唯一的产地。

那么，技术检测怎么会得出老虎洞窑的瓷片与"传世哥窑"的数据相符的结论呢？原因很简单：老虎洞窑傍边的杭州卷烟厂正是从丽水搬迁到万松岭的真正的南宋官窑，同样使用丽水的瓷土来烧制官窑瓷器，杭州窑址挖掘方把卷烟厂出土的瓷片拿来冒充老虎洞窑址里的产品做检测，结果可想而知。上海硅酸盐研究所不是考古单位，无法探明这些瓷片的真实来源出处及所属的年代，只能被动地用他人准备好的标本来做鉴定，数据当然不出所料，科技手段明显被人当枪来使。李家治教授最终也察觉到了这些问题，在其《简论官哥两要》中直言："科学之能事不过如斯"，"古陶瓷科技研究也不是万能的"，"不要存在心浮气躁的过高期望值和不切实际的过头结论"[8]，一语道破了技术手段的局限和所谓的科技鉴定的真相。确实，杭州窑址挖掘方从一开始就已经把老虎洞窑址内定为"南宋第一座修内司官窑"和"传世哥窑"，他们特意准备好的瓷片标本你还能使用吗？又能检测出什么样的结果？

这是丽水窑"传世哥窑"胎色、釉质和开片的实物照片：

图九五　丽水窑南宋开片釉兽耳瓶（一）　元明会馆藏品

"金丝铁线"的问题：这是最典型的"传世哥窑"的"金丝铁线"，尚未做清洗。（图九六）照片放大后发现，"金线"是酸性土沁引起的，色彩有红有黄，附着在细小的开片中，一般入水后可以洗掉；土沁坚硬者擦洗后依然还会留下淡黄色的痕迹，若隐若现。丽水地区的泥土色红，酸性极强，因此出土的开片釉器大多都有红黄的沁色。故宫的一些专家把"金丝铁线"当作"传世哥窑"的必有特征和标准来看待，说明他们对"金丝铁线"的形成机理一无所知，完全是主观臆想，凭空捏造。

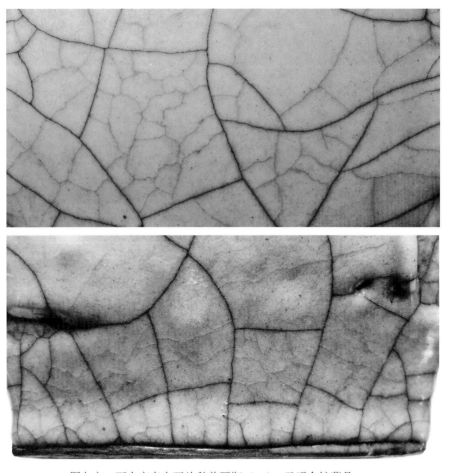

图九六　丽水窑南宋开片釉兽耳瓶（二）　元明会馆藏品

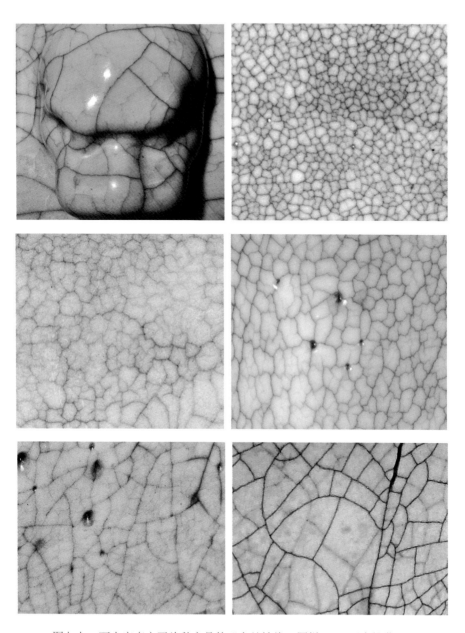

图九七　丽水窑南宋开片釉产品的"金丝铁线"图样　元明会馆藏品

紫口铁足的问题：紫口铁足最早出自明代曹昭之口，其实这并不是南宋官窑的必有特征。我在《北宋官窑的发现和考证》一书中，用大量的实物证明：北宋官窑绝大多数都是白胎、灰胎，既没有铁足，也没有紫口；即便是南宋官窑，紫口铁足也只是一小部分。丽水窑的黄釉及月白釉器多使用的是黄褐色瓷土，底足呈咖啡色或巧克力色，所以，典型的"传世哥窑"没有紫口铁足，紫口和铁足绝大多数出现在黑胎瓷器上，而且基本都是天青釉。需要注意的是：老虎洞窑和乌龟山窑这两座元代官窑也都使用杭州本地产的紫金黑土，当然会出现大量的"紫口铁足"，依据明清文献和文博一些人的观点，你还能搞清楚哪个是南宋官窑，哪个又是元代官窑吗？显而易见，"紫口铁足"并不是南宋官窑的标准，更不是"传世哥窑"独有的特征。

图九八　丽水窑南宋米黄釉兽耳瓶（一）　元明会馆藏品

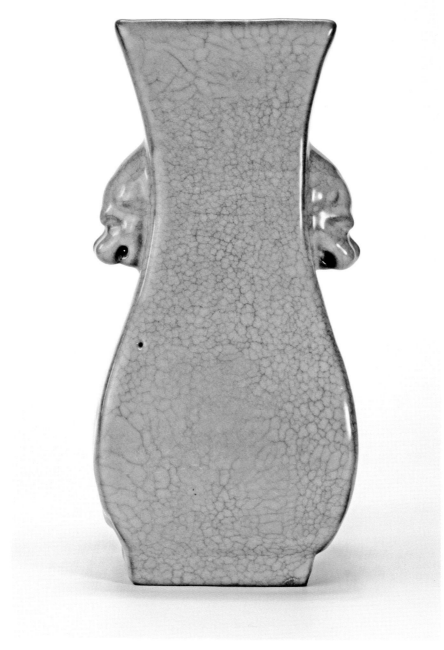

图九九　丽水窑南宋米黄釉兽耳瓶（二）　元明会馆藏品

这是最典型的"传世哥窑"的底足咖啡色，浓暗者如巧克力。

图一〇〇　丽水窑南宋米黄开片釉盘　元明会馆藏品

图一〇一 丽水窑南宋米黄釉葵口盘 元明会馆藏品

图一〇二　台北"故宫"藏"哥窑"贯耳壶底足　　　图一〇三　大英博物馆藏五钉洗底足

图一〇四　北京故宫藏"哥窑"盘底足　　　图一〇五　台北"故宫"藏"哥窑"盘底足

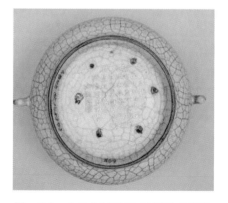

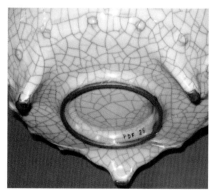

图一〇六　台北"故宫"藏"哥窑"炉底足　　　图一〇七　大英博物馆藏"哥窑"五钉洗底足

丽水窑的黄釉和月白釉瓷器的口沿和底足同样也是这种咖啡色。

图一〇八　丽水窑米黄开片釉凤纹贴塑盘　元明会馆藏品

　　"传世哥窑"的开片多种多样，最富特色的就是这种震颤型开片，堪称开片中的绝品，也是烧制难度最大的一个品种，至今无人能仿。

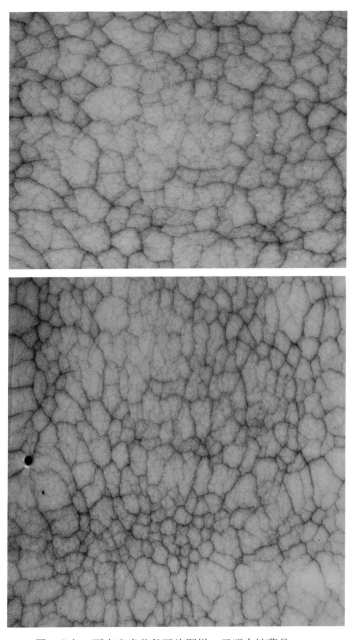

图一〇九　丽水窑米黄釉开片图样　元明会馆藏品

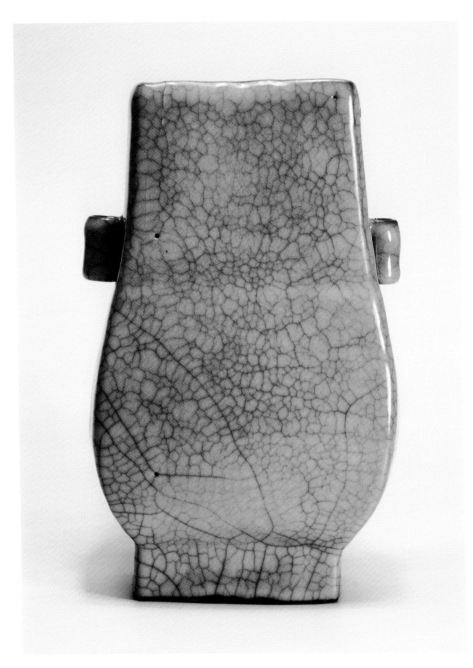

图一一〇　丽水窑米黄釉贯耳壶　元明会馆藏品

图一一一　丽水窑南宋米黄开片釉簋　元明会馆藏品

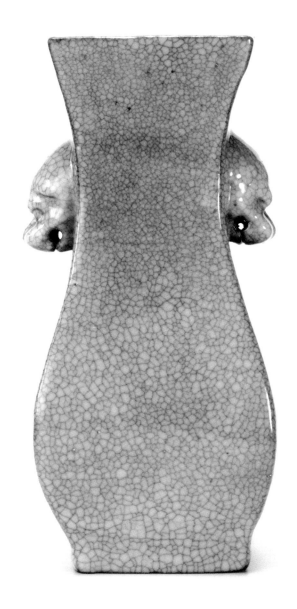

图一一二　丽水窑南宋官窑"百圾碎"兽耳樽　元明会馆藏品

结束语："传世哥窑"产地的发现，从侧面印证了南宋第一个官窑是龙泉的工匠在丽水烧制成功的，不是北宋官窑的窑工所为，杭州卷烟厂发现的这个南宋官窑遗址只是南宋的第二个官窑。尽管卷烟厂工地出土了大量各种各样的开片釉瓷片，但典型的"传世哥窑"却不见踪影，至今也没有找到完全相同的釉色和开片的实物，可见"传世哥窑"这个特殊的开片釉品种实际上并没有在杭州这个南宋第二个官窑里得到延续，只在丽水窑开花、结果，并最终失传，丽水窑才是它唯一的产地；世上的的确确只有官窑，没有哥窑，更没有"传世哥窑"。

图一一三　丽水窑南宋米黄开片釉盘（一）　元明会馆藏品

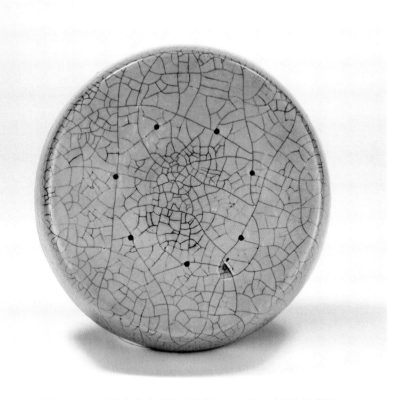

图一一四　丽水窑南宋米黄开片釉盘（二）　元明会馆藏品

图一一五　丽水窑南宋米黄开片釉琮式瓶（一）　元明会馆藏品

图一一六　丽水窑南宋米黄开片釉琮式瓶（二）　元明会馆藏品

图一一七　丽水窑南宋米黄开片釉鼓钉洗　元明会馆藏品

四、元代官窑的发现及相关研究

元代是否有官窑？由于明清以来中国古瓷界对元代瓷器极度贬抑，不屑一顾，元代没有官窑理所当然。20世纪20年代英国人霍普浦逊和美国人波普发现了元代青花瓷器，元青花才逐渐为国人所认知和认可，如今，已成为元代瓷器中最重要的品种和中国瓷器的代表而备受推崇。元青花中的一些上品大气磅薄，精美绝伦，许多人认为这一类的元青花绝非民窑所能为，当为官窑制品。2012年11月景德镇落马桥窑址出土了元代枢府瓷和青花彩绘五爪龙纹等重要文物，专家们据此认定该窑址为元代官窑窑场。然而，我研究的结果表明，元青花不是官窑产品，景德镇也不是元代官窑的所在地，浮梁瓷局更不是元代官窑的管理机构，真正的元代官窑在浙江杭州。因为，元代官窑是为烧制郊祀礼器而设立的官控窑场，礼器才是官窑最重要的产品。景德镇生产的青花瓷器不是礼器，与郊坛使用的礼器的釉色和器型格格不入，根本不能用来祭祀天地祖宗。所以，元青花与元代官窑无关，元代官窑窑址也不在景德镇。

（一）官窑是为烧制瓷质礼器而设立的官控窑场

探讨官窑的问题，首先需要搞清一个概念，那就是：什么是"官窑"？王光尧在其《中国古代官窑制度》一书中称："官窑就是历代官府经营的陶瓷器生产窑场。"这就是说，官办窑场就是官窑。照此定义，中国古代历代历朝的官办窑场真的是多如牛毛，数不胜数。元史卷九十·志第四十·百官六载：

大都四窑场，秩从六品，提领、大使、副使各一员，领匠夫三百余户，营造素白琉璃砖瓦，隶少府监。至元十三年置。其属三：南窑场，大使、副使各一员。中统四年置。西窑场，大使、副使各一员。至元四年置。

大都四窑场属于朝廷设置的窑厂为六品，级别远高于景德镇浮梁瓷局（九品）。这些生产琉璃砖瓦的官办窑场，它们是官窑吗？元代之前，这样的官控窑厂则更多，南宋李纲《梁溪全集》卷九三条载："置官窑以造砖瓦，下傍近州县以摘那工匠。"此外，江苏镇江出土的唐宋护城砖上印有"润州官窑"，宋代定窑也出土有"定州官窑"款识。可见，从秦汉到元明清，历代都有各种等级的官办窑场存在，其中绝大多数是为修建宫殿、城墙及军营而设置的烧制琉璃和砖瓦等建筑材料的窑厂，技术含量低，与世人所推崇的官窑的品质相去甚远，更谈不上领导瓷业的潮流。这样的窑场在中国古陶瓷史上能有什么地位？又有什么意义？很明显，"官窑"不能单从字面上来理解。我们现在所说的"官窑"是一种约定俗成，有特定的内涵，仅指在陶瓷史上有过非凡的成就和突出的贡献，对过去、现在和将来都有巨大影响的官办窑场，只限定在瓷质礼器的范围内，并不包括中央及地方官办的陶制礼器和砖瓦琉璃窑厂，如果不做出这样的界定，官窑的历史就将从上古时代开始，官窑的问题根本无法讨论，也无法达成共识。"官办窑场就是官窑"这种定论无疑是把中国古代最富盛名的官窑等同砖瓦琉璃窑厂，实际上是把官窑的概念扩大化、低级化、庸俗化，降低了官窑的门槛，为各种等级的官办窑场提供了方便，最终把历代真正的官窑统统扫进了垃圾箱。

那么，官窑的定义究竟是什么？其实官窑是为郊坛烧制合格的瓷质礼器而设置的官控窑场，属于政治制度而不是经济制度，与贸易和税务无关。官窑的这种特性几乎无人知晓，古今中外都是从字面和经济方面来研究官窑，没有人从礼器的角度去探讨官窑，不知道官窑是郊坛祭祀的产物，这是官窑问题长期得不到解决的根本原因。

迄今为止，已知的中国古代第一座官窑是宋徽宗创建的北宋官窑，北宋皇室用瓷均来自各地的供奉，宋徽宗为什么非要自设官窑造瓷呢？原因不是叶寘所说的定瓷"有芒不堪用"，而是为烧造合格的瓷质礼器。

1. 宋徽宗登基后试图推广礼制，"以礼治国"，对礼器进行了全面的考证，发现所有的礼器都不合格，尤其是郊坛祭器都用的是青铜器，没有陶瓷礼器，不符合"器用陶匏"的古制，这样的礼器严重影响祭祀的效果，也无法表现皇帝对天地神灵的诚敬之心，需要全部更新改造，烧制郊坛祭祀所用的瓷质礼器才是北宋官窑设立的真正原因。[9]

2. 祭祀天地的礼器至高无上，既不准流通，也不容许臣庶使用，更不能让民窑随意制造和仿效，只有自设官窑才能保证礼器的品质和技术不外流，独家垄断。同时，瓷质礼器的研制和烧造需要大量的人力、物力和财力，民窑没有这样的能力和实力，唯有官窑才能完成。

3. 礼器的改变事关重大，唯皇帝才能决定。宋徽宗设专礼制局制作所就是为了研发合格的瓷质礼器，最终解决了"釉"这个难题，并用开片和釉色来表现礼器的"天地自然属性"，将瓷质礼器推上了郊坛，北宋官窑如此，南宋官窑同样如此。《建炎以来系年要录》卷一三七载：

> 绍兴十年（1140）七月丙寅上曰："朕常考三代礼器，皆有深意，后世非特制作不精，且失其意；朕虽然艰难，亦欲改作，渐令复古。"

可见，设置专门窑场将陶制礼器改造成合格的瓷质礼器并登上祭坛，是从北宋宋徽宗开始的，之前无人能够解决"釉"这个难题，历代所烧制的瓷质礼器也一直没有被认可。所谓的"官窑"除了瓷质礼器，确实别无其他，与各级官办的砖瓦、琉璃窑厂相比完全是两个不同的概念，不能混为一谈。所以，官窑的地位不是由官办这种形式来决定的，而是因为瓷质礼器的存在和其空前绝后的成就造成的，官府设置和管理只是官窑最基本的要件，并不是决定因素，没有瓷质礼器的窑场就不能称其为"官窑"，官办窑厂不等于就是我们现在所说的官窑。历代的官窑产品都不是为市场流通而生产的，与税收更没有任何关系，生产陶质礼器和砖瓦琉璃的窑场当然不在官窑之列。至于官窑在完成礼器的烧制任务后，为皇室烧造一些日用、陈设及赏赐瓷器，只是官窑的副产品，并不是官窑的本质和主流，切不可本末倒置。

（二） 元代官窑的关键是皇帝亲祀郊坛

搞清楚北宋官窑和南宋官窑的真正内涵和来龙去脉，再来看元代官窑就会一目了然。事实上，元代官窑同样是为烧制郊坛瓷质礼器而建立的，并没有例外，紧紧抓住这一点，元代官窑的问题也就迎刃而解。

1. 元青花不是官窑产品，浮梁瓷局与元代官窑无关

学术界许多人认为元代官窑在景德镇，根据就是浮梁瓷局。浮梁瓷局究竟是什么机构？和元代官窑又有什么关系？《元史》卷八八《百官四·将作院》："浮梁瓷局，秩正九品。至元十五年立。掌烧造瓷器，并漆造马尾、棕藤、笠帽等事。大使、副大使各一员。"元泰定元年（1324），浮梁瓷局又改由饶州路总管督陶，《景德镇陶录》："元，改宋监镇官为提领，至泰定后又以本路总管监陶，皆有命则供，否则止，税课而已，故唯民窑著盛。"元代孔齐在其《至正直记》中载曰："饶州御土，其色白如粉垩，每岁遣官监造器皿以贡，谓之'御土窑'。烧罢即封，土不敢私也。或有贡余土，作盘、盂、碗、盏、壶注、杯盏之类，白而莹色可爱。"上述文献清楚明确地表明：浮梁瓷局首先是瓷窑税收部门，同时根据朝廷需要，督烧一些日用瓷器，这些瓷器都属于"贡"瓷，官监民烧，并不是自设窑厂烧制，"御土窑"不是御窑，否则就不会称"有命则贡，否则止"，官窑岂能烧烧停停？

即便落马桥窑址是浮梁瓷局自设的窑场，也同样不是官窑。因为：官窑烧制的是郊坛瓷质礼器，产品中一定会有祭祀天地和四时所必需的天青、黄釉、绿釉、月白这四种釉色，景德镇在考古发掘中并没有发现此类釉色的礼器，而且，青花瓷的釉色纹饰都不符合祭祀天地的要求，它们都不是祭器，也不入郊坛，生产元青花的窑址当然不是官窑。

落马桥窑址中出土的枢府款瓷片，其实也是为官府定制的生活用瓷，全国各地先后还发现有"福禄""太禧""东府""福寿""和寿""福玉"等铭款的瓷片，扬州市出土的"宪台公用"款的元卵白釉残碗，与

枢府款瓷片应是同窑口的产品。韩国新安海底发现的元代中国沉船中，有一件底刻"使司帅府公用"铭文的龙泉窑青瓷盘，说明元代官府衙门常在民窑定烧瓷器，都是日用品而不是礼器，落马桥窑址挖掘中从没有发现六尊这类典型的郊坛礼器，所以，枢府瓷同样不是官窑。历史上民窑为朝廷定烧瓷器比比皆是，北宋宫廷用瓷均来自各州府的进奉，《宋会要缉稿》中就有明确记载："瓷器库在建隆坊，掌受明、越、饶州、定州、青州白瓷及漆器以给用。"宋太宗淳化元年七月诏："瓷器库纳诸州瓷器……"建窑中也有大量"供御"款识，这并不能改变建窑民窑的性质。落马桥窑址虽然为朝廷烧制过一些贡瓷，但贡窑不是官窑，贡瓷本身也是税赋的一种形式。景德镇浮梁瓷局这种窑务税收机构，和专为郊坛祭祀服务的官窑不是同类，也没有任何关系。

2. 元代官窑是郊坛祭祀的产物

官窑是因郊坛礼器而产生的，所以，元代官窑的问题取决于蒙古人会不会采用汉制的郊坛祭祀制度，关键就在于蒙古皇帝是否亲祀郊坛。

郊坛祭祀是中原汉民族的传统，早在周代就已形成了一套完整而复杂的制度，而蒙古建国前是草原游牧民族，祭天的习俗和方式也与中原完全不同，蒙古人崇敬的"长生天"和汉人祭祀的"昊天上帝"是不同的概念。那么，蒙古帝王是否会采用被征服的汉民族的郊坛祭祀方式来祭天吗？实际上，蒙古人生来就是拿来主义和实用主义者，只要有实用价值，就会立刻拿来使用，并没有什么忌讳，实惠才是最重要的事情。忽必烈直言："应天者唯以至诚，拯民者莫如实惠"[10]，正是在这种"实惠"哲学观的指导下，蒙古统治者不仅直接引进了全套汉式政治制度并建立了政权，同时还吸收了中原汉民族的祭祀制度，宗庙和郊坛一应俱全。但蒙古汉化是一个漫长的过程，并非一蹴而就，郊坛亲祀更是如此。第一个使用汉式仪式来祭天的蒙古大汗是蒙哥，宪宗二年（1252）《元史·祭祀志》中有明确记载：

元兴朔漠，代有拜天之礼。衣冠尚质，祭器尚纯，帝后亲之，宗戚助祭。其意幽深古远，报本反始，出于自然，而非强为之也。宪宗即位之二年，秋八月八日，始以冕服拜天于日月山。其十二日，又用孔氏子孙元措言，合祭昊天后土，始大合乐，作牌位，以太祖、睿宗配享。

蒙古人祭天原本只限于黄金家族，皇族之外不得与祭。蒙哥首创蒙汉混合的方式来祭天，先在八月八日用蒙古旧俗祭天，然后于八月十一日再行汉法祭天，并引进了西夏和旧金的礼乐。尽管这与真正意义上的汉式郊坛祭天还有很人的差距，但开启了蒙古使用汉制礼乐的先例，也为蒙古由旧俗转向汉式郊坛祭祀打下了基础。

蒙哥死后，忽必烈利用漠南汉地的资源，并在汉人的支持下击败胞弟阿里不哥夺得王位，定都大都，将蒙古国政治经济的重心移到中原，登基后明言"祖述变通，正在今日"[11]，重用刘秉忠等儒士，立国号，定朝仪，设官位，建宗庙、郊坛，制祭器、法服，备法驾卤簿，继承了汉唐以来汉族行政机构模式和礼乐制度，全面推行汉制，可谓"法《春秋》之正始，体大《易》之乾元"[12]，将元代纳入了中原王朝的轨道。因而，尽管南宋灭亡后，汉王朝政权已不复存在，但汉族文化和传统并没有消失，郊坛这种祭天形式在蒙古人的统治下依然得到了延续，并为蒙古帝王所吸收沿用。《元史》祭祀一载：

至元十二年十二月（1233），以受尊号，遣使豫告天地，下太常检讨唐、宋、金旧仪，于国阳丽正门东南七里建祭台，设昊天上帝、皇地祇位二，行一献礼。自后国有大典礼，皆即南郊告谢焉。

但忽必烈却从未亲祀郊坛，而是遣使代行，原因复杂。元代实行汉、蒙、回回法相参用的多元统治体制，儒家不再是一家独尊，喇嘛教深得蒙古人心，而儒教汉法仅为皮毛之用。所以，元代早期有郊坛而无亲祀也就不足为怪。从元初到元中期，历代蒙古皇帝郊坛祭天都采用"摄祀"，太庙也同样如此。"统有元一代，亲祀太庙，亲享上帝，唯武宗、英宗、文宗、顺帝四君而已"[13]。皇帝不亲祀，郊坛礼器的要求也就大打折扣。

元代真正的郊坛亲祀是到元文宗时才得以实现，至顺元年（1330），"十月辛酉，始服大裘衮冕，亲祀昊上帝于南郊，以太祖配。自世祖混一六合，至文宗凡七世，而南郊亲祀克举焉"。[14]

元顺帝即位后，先后两次亲祀郊坛，"至正三年（1343）十月十七日，亲祀昊天上帝于圆丘，以太祖皇帝配享，如旧行仪制"。最后一次是在至正十五年（1355）"十一月壬辰，亲祀上帝于南郊，以皇太子为亚献，摄太尉、右丞相定住为终献"。[15]郊坛从"摄祀"到亲祀，经历了半个多世纪的磨合，这与蒙古汉化程度有直接的关系。因为只有蒙古皇帝完全接受了儒家学说，认同汉民族文化传统，并具备很高的汉学素养，亲祀郊坛才成为可能。元代中期蒙古汉化已进入一个新的阶段，元仁宗汉学修养极高，并于延祐二年（1315）重开科举，亲儒重道；元文宗则是汉化程度最高的一位蒙古皇帝，书画诗文具精，并有笔墨传世，在位时重文治，创建奎章阁，编修《经世大典》，其汉学水准、学识和作为与汉人皇帝几无差别，郊坛亲祀最终在文宗朝得以实现应是水到渠成。

元代的郊坛祭祀基本沿袭了唐宋汉制的礼乐仪轨，只不过是加入了一些蒙古元素而已。[16]皇帝亲祀使得郊坛祭祀的等级远远高于"摄祀"，郊坛祭天必须"器用陶匏"，按宋制设立官窑烧制郊坛所用的瓷质礼器也就成为可能，可见皇帝是否郊坛亲祀对官窑的设立至关重要。虽然文宗是最先亲祀郊坛的蒙古皇帝，但元代官窑并不是文宗设立的。实际上，如果不是出现了意外，第一个亲祀郊坛的蒙古皇帝不会是文宗，而应该是英宗。《元史》有明确记载："然自世祖以来，每难于亲其事。英宗始有意亲郊，而志弗克遂。久之，其礼乃成于文宗。"[17]元英宗生在汉地，自幼学习汉文，深受儒学影响，当政之后励精图治，大量任用儒臣，厘弊政、罢冗员、兴礼乐，强力推行汉法，目的是为了削弱蒙古宗亲皇族的权势，恢复中原皇帝独权专治的统治模式。而郊坛祭祀的特征就是等级制度，是汉民族确立皇帝至高无上的地位、宣示其独裁统治的最重要和最有效的手段，这是英宗要亲祀郊坛的根本原因。

由于英宗新政用极端的方式推行封建专制独裁制度，这些举措破坏了蒙古贵族军事民主制的传统，动摇了蒙古人的根基，直接触犯了蒙古贵族集团的利益，这就引发了许多蒙古贵族和色目人的极度恐慌，不惜发动兵变铤而走险。最终英宗这位雄心勃勃试图改变元王朝走向的皇帝被暗杀，郊坛亲祀也因此"志弗克遂"。但元代官窑并没有因此而夭折，事实上英宗在位时这个官窑就已经建成，瓷质礼器也已烧制成功。《元史》卷七十四·志第二十五"祭器"载：

中统以来，杂金、宋祭器而用之。至治初，始造新器于江浙行省，其旧器悉置几阁。

这条记载十分重要，可以确认如下事实：

（1）英宗至治年之前，因为皇帝都不亲祀郊坛，因而对礼器的要求也不高，祭天所使用的祭器均来自灭金、宋后所得，朝廷没有烧造过新礼器；也就是说，至治年之前元代没有官窑。

（2）因为英宗要亲祀郊坛，完全使用汉制仪式，郊坛"器用陶匏"，原来所用的金、宋旧器均被废除，命"江浙行省"制造全新礼器。这就需要烧制祭天所用的瓷质礼器，所以，元代官窑的存在也就十分正常。

（3）郊坛全新礼器是"至治初"制造的，英宗在位总共只有三年，元史明确记载"英宗至治二年（1322）九月有旨议南郊祀事"，[18]这一年原定皇帝亲祀郊坛，因太皇太后崩郊祀活动终止，可见元代官窑应该是在至治二年设立的，郊坛瓷质礼器也在这一年烧制完成。

（4）杭州凤凰山附近出瓷土，有极好的烧瓷环境，"江浙行省"受命督烧瓷质礼器，在凤凰山老虎洞附近建窑烧瓷也就理所当然。所以，为烧制郊坛瓷质礼器而建立的元代官窑只能是在杭州，而不是景德镇。

（5）南宋皇城是在蒙古大军的围困下不战而降，并没有受到破坏，所有的南宋官窑礼器和图纸全部被元朝廷收归所有，元代官窑依据这些样品和图纸烧制的瓷质礼器与南宋官窑自然会极为相似。作为官窑，老虎洞窑遗址营造考究，瓷片坑里存在大量的类官窑瓷片也就不足为怪。

　　考古挖掘的成果完全证实了上述文献的记载。1996年在杭州凤凰上老虎洞窑遗址元代地层中发现一个刻有"甲子八月十"铭的荡箍,[19] 元代"甲子"纪年只有两个:一是元世祖忽必烈至元元年(1264),二是元泰定元年(1324);元代官窑在忽必烈时还没有设立,可以排除;泰定帝就是在英宗至治三年(1323)被暗杀这一年登位的,而元代官窑正是英宗至治二年所建,所以,"甲子"款荡箍只能是泰定元年产品,与《元史》记载的英宗亲祀郊坛和制造新礼器的时间、地点完全相符。同时,老虎洞窑遗址中"元代地层"里还发现有八思巴铭文的窑具和"官窑"款瓷器残片,以及大量的元代物证,却没有发现任何南宋的款识铭文。毫无疑问,老虎洞窑遗址是一座不折不扣的,而且是从元英宗时才开始建造的元代官窑遗址,与南宋的修内司官窑没有任何关系,更不是什么"传世哥窑"和民窑仿官窑,元代官窑的窑址的确是在杭州,而不在景德镇,元代墓葬出土的类官窑瓷器也都是元代官窑的产品。

图一一八　杭州老虎洞窑址出土的元代"官窑"铭款残碗

图一一九　杭州老虎洞窑址出土的元代"八思巴"款窑具

五、杭州乌龟山窑址不是南宋郊下坛官窑

杭州南宋官窑博物馆是在乌龟山窑遗址基础上建立的一座国家级陶瓷专题博物馆，馆中藏有一个刻有"大宋国物"铭文的垫饼，被定为国家一级文物，也是认定乌龟山窑遗址是南宋郊坛下官窑的一个铁证，据称是乌龟山窑遗址里的出土器。然而，我经过考证，发现"大宋国物"铭文垫饼实际上并不是杭州乌龟山窑址里的遗物，而是另有出处，有关南宋官窑窑址的结论需要重新考虑。

（一）"大宋国物"铭文垫饼是北宋汝窑窑具

2004 年我在上海南京西路古玩市场发现多枚带有"大宋国物"阴刻文的垫饼和支钉，不仅有繁体字，也有俗体字。半年后笔者再次看到这类打开门的窑址器，除了各种窑具之外，还有一些窑次品和整器，瓷器的底足上都印有阴刻的"大宋国物"文铭。这种款识在汝窑的历史上见所未见，闻所未闻，在清凉寺的考古挖掘中也从未有同类物品出土，很明显，这是一个尚未被发现的汝窑窑址，出处只能是北宋汝州。

2013 年我在查找南宋官窑的资料时，意外地发现杭州乌龟山窑址曾经出土过一件与汝窑相同的"大宋国物"款垫饼，非常吃惊和好奇，专门赴杭州南宋官窑博物馆实地考察，但有关方面却把这个垫饼深藏在保险柜中，根本没有拿出来展示。更奇怪的是，如此重大的考古发现，考古挖掘简报中没有记录，文博界也无人将这个垫饼作为证据来引用，新闻报道和学术论文中竟找不到任何记载。杭州牟永抗教授参加过两次乌龟山窑遗址的考古挖掘工作，曾逐一清点检视过乌龟山窑址出土的1100 余个支钉垫饼等窑具[20]，从未见到有"大宋国物"款铭垫饼存在，说明乌龟山窑址里确实没有这种款识垫饼发现。"大宋国物"文铭垫饼究竟来自何处？其来源出处和真伪成为乌龟山窑址是否南宋郊坛下官窑遗址，以及杭州南宋官窑博物馆的设立是否合法的关键所在。

图一二〇　杭州乌龟山窑址出土"大宋国物"铭文垫饼

图一二一　北宋汝窑"大宋国物"铭款垫饼　元明会馆藏品

9787520508117

图一二二 北宋汝窑"大宋国物"款窑具

图一二三 北宋汝窑"大宋国物"款垫圈

图一二四 北宋汝窑"大宋国物"款三足樽

图一二五 北宋汝窑"大宋国物"款温碗

图一二六 北宋汝窑"大宋国物"款窑粘品

图一二七 北宋汝窑"大宋国物"款窑次瓶

图一二八　北宋汝窑"大宋国物"铭文支钉窑粘温碗　元明会馆藏品

　　"大宋国物"这个北宋汝窑中十分独特的名号，迄今为止只在北宋汝窑窑址里有发现，怎么会出现在杭州乌龟山窑遗址里？有人认为这是汝窑的工匠在杭州继续烧制同样的产品，这纯粹是臆猜，乌龟山窑遗址与汝窑没有任何关系。考古挖掘的结果是：杭州乌龟山窑使用的是龙窑，完全是南方龙泉的工艺手法。汝窑天下为魁，怎么会用龙泉的技术来烧制汝瓷？何况乌龟山窑址遗址里根本就没有典型的汝窑产品发现，汝窑的窑工在杭州续烧"大宋国物"款品牌一说无从谈起。

　　作为汝窑的一个品牌，"大宋国物"款字当然不是窑工心血来潮、偶然留下的，此种铭款的窑具在窑址里也不会只有一个，而是一大堆，我找到了十几个。杭州这个"大宋国物"垫饼如果真的是乌龟山窑址里发现的，必定会有大量相同铭文的窑具存在，怎么会只找到一个？

　　使用"大宋国物"铭文的窑具烧制的瓷器必然会在底足印刻有相同的款识，我发现的汝窑窑次品上都有这样的款字，足见这是一个字号，窑址遗存中当然会有许多带款字的瓷片；而乌龟山窑址出土的瓷片达数万之多，有"大宋国物"铭文的瓷器瓷片却一件也没有发现。这说明：乌龟山窑址里不存在"大宋国物"这个品牌，也没有生产过"大宋国物"款识的瓷器，更不会有这种汝窑所独有的款字垫饼存在。

　　如果南宋官窑中真有"大宋国物"这样一个品牌，为什么两岸故宫和全世界收藏的南宋官窑瓷器中没有找到过一件？而且，从民国一直到现在，杭州地区无论是官方考古发掘还是民间盗挖，都没有找到"大宋国物"这样的款识，连墓葬里也没有发现过。那么，杭州这个"大宋国物"款垫饼究竟从何而来？

　　毫无疑问，南宋官窑中没有"大宋国物"这个品牌，"大宋国物"款垫饼也不是杭州乌龟山窑址中的遗物，杭州南宋官窑博物馆所藏的这个"大宋国物"垫饼的出处只有一个，那就是北宋汝州的汝窑窑址。

乌龟山窑遗址在浙江省杭州市玉皇山南乌龟山麓，发现于20世纪20年代，1985年10月1986年1月，杭州考古队对窑址进行正式发掘，共发现龙窑窑炉一座，作坊遗址一处，出土三万余片瓷片和数千件窑具，却没有找到一件真正有说服力的纪年物证，窑址的年代也就无法确定。杭州考古方在没有确凿证据的情况下就认定乌龟山窑就是郊坛下官窑遗址，并于1987年4月筹建南宋官窑博物馆。1988年冬为建设博物馆又进行了考古发掘，同样没有新的发现。两次发掘都没有找到真正能够证明乌龟山窑就是南宋郊坛下官窑遗址的直接证据，设立杭州南宋官窑博物馆明显缺少一个有说服力的物证。于是，"大宋国物"这个有特殊铭文的垫饼突然出现了，目的就是为了用"大宋国物"这几个字来证明杭州乌龟山窑址就是南宋郊下坛官窑窑址。

图一二九　杭州乌龟山窑址中的龙窑

（二） 乌龟山窑出土的铭文荡箍是元代产品

　　乌龟山窑遗址中曾发现过一个"荡箍"残器，上有"某某公用"铭文，但这个有铭文的"荡箍"却被考古有关方面雪藏，至今不知所踪，在杭州南宋官窑博物馆的展品中根本看不到。[21]

　　残器上有四个阴刻字，其中的前两个无法辨析，后面"公用"两字清晰可见。根据我的研究，"公用"这种铭文是元代官府专用落款，元各级府衙置办"公用"器物时，在官用器物的字款上形成了一种特殊的格式，这种款式不仅是在瓷器上，在其他器物上也同样使用。元王士点《秘书监志》卷三"公用银器"条记载："至元二年四月十二日秘监密迩谟和么提调，制造公用银器，送架阁库依数收贮，听候公用。"

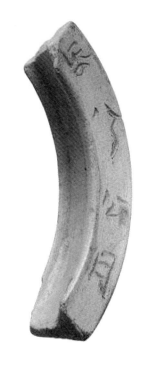

图一三〇 乌龟山窑出土的荡箍

　　这种"公用"铭文器物有多处发现。1796 年至 1784 年，在韩国新安海底发现并打捞起一条中国沉船，沉船中先后找到了大量中国元代瓷器，其中有一件龙泉窑青瓷盘，底刻"使司帅府公用"六字双行铭文，另有一个铜制称砣上刻有"庆元路"字样，此外还发现有墨书"至治三年六月一日"和"东福寺"等日本货主字样的木质货签，据此可以认定沉船中的龙泉窑青瓷器皆为元至治三年（1323）之前所烧，该沉船是从庆元（宁波）出发前往日本的贸易货船。宁波宋代叫明州，在元代称"庆元府"，是元政府在全国设立的三大市舶司之一，同时又是"浙东道宣慰使司都元帅府"的所在地，元朝政府在至元十三年（1276）改庆元府为庆元宣尉司，次年改为庆元路总管府，"使司帅府"是"宣慰使司都元帅府"的简称，"使司帅府公用"款龙泉青瓷盘当为浙东道宣慰使司都元帅府定烧的器物。

图一三一　韩国"新安沉船"中的　"使司帅府公用"款龙泉青瓷盘

此外，1998 年江苏省扬州市出土了一个元卵白釉残碗，外壁有楷书"宪台公用"青花款。宪台是元朝监察机构御史台的别称，忽必烈于至元五年在大都设立中央御史台，并同时颁布了御史台行使监察权的基本法规《宪台格例》，后又在江南、陕西置行御史台，扬州正是江南行御史台的第一个驻地，"宪台公用"碗应是江南行御史台的官用器物，这种独特的款识在北宋和南宋官窑中都未曾发现，由此可见，杭州乌龟山窑遗址中发现的这个"公用"款荡箍不是南宋官窑中的产品，而是元代的物品，乌龟山窑遗址的确是一座元代的窑址。

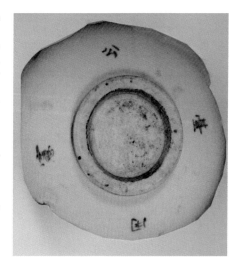

图一三二　元枢府瓷"宪台公用"铭碗　王晓莲收藏

六、杭州老虎洞窑遗址是元代官窑

老虎洞窑址位于杭州市凤凰山万松岭南坡，1996 年 9 月因大雨冲刷被民间人士发现并报与相关部门，杭州市文物考古所先后进行了 3 次考古发掘，清理出龙窑窑炉 3 座、小型素烧炉 4 座、作坊 10 处、瓷片坑 24 个，出土了大量元代瓷片和窑具，并发现有阳文模印的八思巴文垫饼和元代釉下褐彩"官窑"款瓷片，却未找到任何南宋时期的纪年物，毫无疑问，老虎洞窑首先是一座元代窑址。这一结果让窑址挖掘方十分尴尬，因为老虎洞窑址和乌龟山窑址高度一致，如果把老虎洞窑定性为元代窑址的话，不仅其学术价值和社会效益无法同南宋官窑相比，而且会让乌龟山窑址和杭州南宋官窑博物馆受到冲击。所以，老虎洞窑址从一开始就已经被内定为"南宋修内司官窑"，然后再想办法自圆其说。这是老虎洞窑址考古挖掘方负责人杜正贤在 2010 年《考古随笔：南宋修内司官窑的考古发现》中的原文：[22]

挖掘出元代层后，考古工作一度陷入停滞状态。由于迟迟没有早于元代的遗物出土，大家开始怀疑，也许老虎洞窑址是一处单纯的元代窑址，根本不存在所谓的南宋层。考古工作进行到十月，工地上已经很久没有新发现，连工人都没有了士气。我坚信此处窑址的挖掘一定可以解决修内司官窑之谜，我一直对修内司窑的存在持肯定的态度。报着这样的想法，我们仍在坚持继续发掘。10 月中旬，两个很大的瓷片堆积层出现在我们面前，我忽然发觉离我亲手发掘修内司窑已经不远了。

可见，在瓷片坑发现之前，现场几乎所有的人都认为老虎洞窑是一座元代窑址，没有任何异议，更没有修内司窑，挖掘工作已基本结束。然而，瓷片坑的出现改变了一切。老虎洞窑址挖掘已发现的所有的龙窑、作坊、窑具、瓷片都是元代遗存，这 24 个瓷片坑怎么会是南宋官窑的堆积层呢？挖掘方的理由是：瓷片坑里有大量官窑礼器瓷片，蒙古人不可能烧造这些乳浊釉礼器产品，只能是南宋官窑；瓷片坑处在老虎洞窑址的最底层，因而这些瓷片坑就是"南宋层"；集中打碎掩埋瓷片是官窑所特有的处理方式，而且老虎洞窑址、地望与南宋修内司营地置相符，这些瓷片坑自然就是"南宋修内司官窑"的遗存。但问题是：老虎洞窑元代层究竟是民窑还是官窑？如果是元代官窑的话，窑址所有的遗存包括24个瓷片坑当然都是元代遗物，老虎洞窑成为南宋官窑的可能性也就不复存在。所以，窑址挖掘方首先是把老虎洞窑址里的元代层说成是"哥窑"而变为民窑，先排除元代官窑；然后利用24个瓷片坑制造南宋堆积层；最后再用"修内司窑"款荡箍一举锁定胜局。

（一） 把老虎洞窑址里的元代层弄成"传世哥窑"

老虎洞窑址里发现的八思巴文窑具是任何人无法否认的事实，也是绕不过去的一道坎，把老虎洞窑址里所有的遗存都说成南宋，显然是不可能的。这就需要对窑址里的出土器进行分类和切割，把其中的一部分东西从元代剥离出来，并给出合理的解释。从外观特征上来看，老虎洞窑中的出土器大致可以分为类官窑和类哥窑这两个类型，窑址挖掘方先把老虎洞窑址中的一些类哥窑瓷器确定为"传世哥窑"，哥窑是民窑，民窑不需要挖坑掩埋瓷片，这种方式只能是南宋官窑。这就为老虎洞窑址里发现的24个瓷片坑定为南宋官窑遗存找到了合理的借口，轻而易举地就把老虎洞窑分割为宋、元两个部分，既把窑址中的元代遗存限制在最小的范围内，又为瓷片坑里的类官窑瓷片提供了充足的操作空间，一举多得。"传世哥窑"就像一座防火墙，直接就把元代官窑屏蔽掉了。为证明这种分类和切割的科学性、合理性，杭州考古官方又把窑址里的部分瓷片送去上海硅酸盐研究所检测，用这些瓷片在化学成分及显微结构上所显示出的不同和差异，来证实老虎洞窑址元代层里的"传世哥窑"与瓷片坑里的类官窑型瓷片分属宋、元两个不同的时代。

但这个看似完美的切割手术有个致命伤："传世哥窑"是人为制造出来的，不是事实。根据我的研究，哥窑是个伪命题，历史上并不存在。我在 2012 年《北宋官窑的发现和考证》一书中，用确凿的事实证明，没有哥窑，只有北宋官窑，哥窑只是北宋官窑中的一个开片釉品种，官窑礼器上之所以会有各种各样的开片，是为表现礼器的天地自然属性。南宋官窑"袭故京遗制"烧造的礼器也同样如此，所谓的"传世哥窑"只不过是南宋第一个官窑中的一个特殊的开片釉品种，窑址也被我找到，就在浙江丽水。（见《传世哥窑的发现和考证》）

"传世哥窑"产地的发现，证明老虎洞窑址与"传世哥窑"没有任何关系，"元代时老虎洞窑继续生产仿官窑器物"[23] 也是捏造出来的。我研究的结果表明，老虎洞窑址是一座真正的元代官窑，元代中期元朝廷之所以会在杭州设立官窑，是因为元英宗上台后大力推广汉制，试图建立汉式独权专制体制，并准备按宋制举办郊祀大礼，需要设立官窑，制造郊坛所使用的瓷质礼器。元代官窑效仿南宋官窑，使用南宋官窑的技术和样品，烧制出了各种不同的开片，来表现礼器的天地自然属性。所以，老虎洞窑址中既有官窑型产品，也有"哥窑"型开片，它们同属元代官窑，没有时代差异，更不是什么"传世哥窑"。窑址挖掘方把这种虚假的、实际并不存在的"传世哥窑"拿来当作老虎洞窑址考古结论的证据，并借此来改变老虎洞窑址的属性，显然这是无法成立的。

老虎洞窑址中各种不同的釉色和开片，虽然同属元代官窑，但因为胎釉的内在成分不同，烧制工艺也各不相同，检测所得到的数据必然会有差异，这种差异只能区分品种，不能断定年代。何况，杭州卷烟厂工地是一座真正的南宋官窑遗址，与老虎洞这个元代官窑有明显的不同。考古挖掘方把卷烟厂出土的瓷片都说成是老虎洞窑的产品，并根据需要有选择地拿来做技术检测，隐瞒瓷片的真实年代和出处，完全是骗术。

（二） 制造南宋地层和宋元地层叠压关系

老虎洞窑址中如果没有南宋地层发现，南宋官窑也就不可能成立。所以，老虎洞窑址挖掘方第二个重要步骤就是制造南宋地层，办法是从24个瓷片坑下手，这是把老虎洞窑弄成南宋修内司官窑的关键所在。

2005 年杭州老虎洞窑址挖掘方称"老虎洞窑址的南宋层集中在 24个瓷片坑中"，[24] 直接把这些瓷片坑定为南宋地层，这样老虎洞窑遗存就被分割成上下宋元两层，瓷片坑以上全部都是元代层，因为这部分的出土器里有八思巴文等明确的元代物证，根本无法炒作；而下层的瓷片坑里有大量的类官窑瓷片及礼器残器，为"南宋层"的存在提供了充分的理由和想象空间。但问题也恰恰出在这些瓷片坑里的瓷片上：

（1） "宋代"瓷片坑里的瓷片窑具与元代堆积里层的瓷片窑具相同；

（2） "宋代"瓷片坑里的瓷片窑具与元代龙窑里的瓷片窑具相同；

（3） "宋代"瓷片坑里也有大量元代"哥窑"的瓷片和窑具存在。

古陶瓷保护研究国家文物局重点科研基地的李合先生在《南宋官窑瓷器的科学分析：类群关系和产地的揭示》一文中，对 24 个瓷片坑胎体组成和显微结构做过专题研究，结论是"初步认定 H20、H21、H24坑出土的瓷片标本属于老虎洞窑晚期（元代）的产品"。[25]

技术检测的结果和老虎洞窑中瓷片的实际情况完全相符，这说明：24 个瓷片坑原本就是窑址里三座龙窑的附属物，和坑外元代层的瓷片都是同时代的物品，把瓷片坑和三座龙窑一刀切开变成宋元两个地层，显然是无法成立的。于是窑址挖掘方不得不改换策略，采用分区的办法，将老虎洞窑址东南方的一座龙窑和有八思巴文窑具的堆积层及周边瓷片坑定为元代层区，而另外两个龙窑及周围的瓷片坑则被定为南宋层区。这同样也行不通：窑址里三个完全相同的龙窑，怎么会一个是元代的，另两个是南宋的呢？24个瓷片坑又是如何划区的？认定南宋、元瓷片坑的标准是什么？南宋瓷片坑中的瓷片怎么会与元代瓷片坑里的瓷片对接？根本无法解释！实际上，两个"南宋"龙窑和"南宋"瓷片坑里都有大量元代瓷片存在，窑址挖掘方却隐瞒不报，不公开24个瓷片坑里瓷片的真实情况。迄今为止，所有的信息都是老虎洞窑址挖掘方根据自己的需要来发布的，其他人根本看不到原始资料，也就无法进行考证。

1999年1月窑址挖掘方发文称："老虎洞窑址发现了元、南宋、北宋三个时期的地层，根据考古挖掘的地层叠压关系，老虎洞的遗存分为南宋时期、元代前期和元代后期三个时期。"[26] 2002年又称："经过几年的考古发掘工作，我们基本弄清了老虎洞窑址南宋层遗迹的保存情况。其中南宋层发现了龙窑窑炉2座、素烧炉4座、澄泥池4个、采矿坑1处、釉料缸2个、作坊遗址1组，出土了大量的官窑瓷片、素烧坯及各类支烧窑具匣钵残件等遗物。"[27] 但事实却并非如此：

1. 老虎洞窑址中没有宋元地层叠压关系

所谓的地层叠压，是指不同时代的遗存因堆积而形成的相叠。老虎洞窑址中真的有这种叠压关系的话，南宋层必然是在元代层的底下，那么，老虎洞窑址里的这两个"南宋龙窑"是从元代龙窑地层下挖掘出来的吗？不是。老虎洞的三个龙窑分别在窑址的东南、西北和南部，各自依山坡而建，窑炉基本都处在同一水平线上，相互之间不存在叠压关系。从考古挖掘的情况来看，这三个龙窑的地层出土物和土质都基本相同，上层都是近现代干扰层，下层是元代层，龙窑的最宽处都在2米左右，都配有一个结构完全相同的小型素烧炉，它们同在一个平面上，同属一个地层，都有元代的痕迹，却没有找到任何南宋的绝对纪年物。窑址中还发现有多处三座龙窑所公用的作坊，这些作坊与龙窑没有年代的差距，可见，所有的龙窑和素烧炉及作坊都是同时代的产物。考古挖掘证明，老虎洞窑是一个连续烧造的窑口，中间没有断烧，元代官窑从元中期开始烧造，总共只有几十年的历史，当然不会有南宋层存在，更不会有南宋的任何款识，所谓的宋元叠压关系从何谈起，又拿什么来证明？

杭州老虎洞窑址挖掘方把素烧炉用香糕砖砌炉堂当作南宋官窑的证据，没有说服力。老虎洞窑址是元代官窑，非一般民窑所能企及，营造精细，使用香糕砖砌炉十分正常；元代官窑挖坑掩埋残次品天经地义，有什么可奇怪的？24个瓷片坑怎么会一定是南宋修内司官窑的遗存？

此外，挖掘方认为老虎洞窑址的馒头窑与河南宝丰清凉寺汝窑窑址发现的馒头窑十分相似，出土器物、窑具及烧造工艺与汝窑相同，所以，老虎洞窑址早期是汝窑工匠在老虎洞烧造的南宋官窑，这完全是编造出来的。老虎洞窑址里有汝窑产品吗？没有！元代官窑的馒头窑怎么会是汝窑工匠制作的？北宋汝窑的工匠怎么会跑到元代中期的老虎洞窑址来烧制官窑礼器？使用支钉就一定是汝窑吗？明显不符合逻辑和常识。上海硅酸盐研究所《老虎洞窑和汝官窑瓷微量元素的研究》证明：杭州老虎洞窑和清凉寺汝窑的制瓷原料、烧制工艺都有明显的差别，属于两个完全不同的种类[28]，它们之间没有可比性。

2. 老虎洞窑址里的24个瓷片坑都不是南宋官窑遗存

老虎洞窑是元代官窑，当然会有瓷片坑，窑场使用挖坑湮埋的方式来处理窑次品不足为奇，这就是24个瓷片坑存在的原因所在。元代官窑早期烧制的是祭祀天地用的瓷质礼器，使用南宋的技术和样品，品质和器型必然会与南宋官窑相近，瓷片坑里出现大量的和南宋官窑极为相似的类官窑瓷片理所当然。元末社会动荡，元帝国已摇摇欲坠，礼器的生产也不再需要，官窑的品质明显下降实属正常。所以，老虎洞窑址里的确有早期、晚期存在，但只是元代官窑的早、晚期，与南宋官窑无关。

　　官窑的瓷片坑都是在地面或地表低洼处深挖形成的，一般会处在窑址的最底下，这并不能代表它们是另一个地层。而且，老虎洞窑的瓷片坑大多很浅，最深的也只有 45 厘米，最浅的仅 6 厘米，怎么会形成元、南宋和北宋三个地层？老虎洞窑如果真的是南宋的第一座官窑，从绍兴十六年起到元末有 240 余年的历史，瓷片堆积层岂能只有这么点规模？从地貌来看，虽然老虎洞窑址与《坦斋笔衡》记载的南宋官窑的地址都同在万松岭修内司营地，但它们之间并没有必然的联系。万松岭一带有紫金土和极好的烧瓷环境，元代朝廷仿效南宋官窑烧制郊坛使用的瓷质礼器，当然也会在万松岭设窑。何况，老虎洞窑址里只有元代的物证，没有南宋官窑的证据，年代的认定不能超越物证所显示的范围。

　　最让人不可思议的是，24 个瓷片坑里的瓷片大多能相互对接复原。据杭州考古所的张玉兰女士透露：老虎洞窑遗址中的绝大部分瓷片堆积坑出土的瓷片，在相邻或相距甚远的不同瓷片堆积坑中可以相互拼对复原，在属于晚期（元代层）的瓷片堆积坑中出土了一些明显属于早期（"南宋层"）产品的瓷片，其中一些瓷片还可以拼对于早期（"南宋层"）的瓷片堆积坑中出土的器物。而且，元代堆积层中瓷片与瓷片坑的瓷片相同，有许多甚至可以拼对复原。不光窑址各区的瓷片坑里的瓷片能相互对接，数量和品种之多也十分惊人，如小敞口瓶至少在 10 个坑中出土，板沿洗至少在 7 个坑中出土，圈足盆至少在 9 个坑中出土，樽式炉至少在 8 个坑中出土。此外，在十多个瓷片坑里还发现有相同地支刻款的瓷器遗品[29]。南宋瓷片坑里的瓷片怎么会与元代"传世哥窑"瓷片坑里的瓷片对接复原？出现这种情况的可能只有一个：不同坑里的瓷片实际上都是同时代的制品，否则它们根本就不可能对接成功。这就证明，老虎洞窑址里所有的瓷片坑全部都是元代遗存，没有一片是南宋官窑，更没有南宋堆积层。

（三） 设置"南宋修内司官窑"迷魂阵

"修内司官窑"向来被认为是南宋官窑的一个概念，锁定这一点，任何人都只能在南宋这个范围内折腾，最多只是南宋早期和中期的争议，从而一举甩掉元代官窑的束缚，老虎洞窑自然成了天经地义的南宋官窑，这就是杭州窑址挖掘方提出这个论题的最根本的目的。

"修内司官窑"在老虎洞窑址的考古挖掘报告里没有记录，文献中也没有发现。《坦斋笔记》中所说的"置窑于修内司"，实际是指该窑在修内司营区内，而且叶寘明确把这个官窑称之为"内窑"，没有修内司窑一说；修内司是官衙名称，不是官窑名。南宋这个官窑正式的名称在《咸淳临安志》中有明确的记载："青窑器在雄武营山上、圆坛左右。"别无其他说法。可见，南宋"修内司官窑"是否存在本身还需要考古挖掘的实物来证实，而窑址挖掘方却把"置窑于修内司"讹成"修内司官窑"，利用世人对古籍文献的迷信和崇拜，跳过元代的官窑，直接把元代的老虎洞窑嫁接到南宋修内司官窑身上，一次性就把所有的专家学者都忽悠进了修内司这个迷魂阵，从此再无人说老虎洞窑是元代官窑，也没有人敢说老虎洞窑址不是南宋官窑。进而，窑址挖掘方更大胆地把老虎洞窑址定成"南宋第一个修内司官窑"。但问题是：老虎洞窑如果是南宋第一个修内司官窑的话，从绍兴十六年到元末共 243 余年，而且连续烧造没有中断，这种可能性根本不存在。

（1） 南宋第一个官窑是绍兴十六年间礼器局为烧造礼器设立的窑场，修内司在当时没有这样的资格和能力。礼器局撤销后，官窑归临安府管理，在绍兴十九年之前与修内司无关。之后《咸淳临安志》中载有"青器窑"的名录，也没有修内司官窑的记录，实际上"青器窑"既是官窑，又是管理机构，与修内司、八作司同级别并同属殿中省。因此，南宋第一个官窑应该是"礼器局"，不是修内司窑，修内司当时既没有资格也没有能力设置和管理制造郊坛瓷质礼器的官窑。

（2） 老虎洞窑址地处南宋皇城边上，而修内司营地一带正好是嘉定四年（1211）火灾的重灾区，灾后官窑绝无可能在原地继续烧造。

（3） 元灭南宋，南宋官窑在亡国之际没有存在的理由。

（4） 南宋第一个官窑在龙泉的丽水已被我证实，与杭州无关。

（5） 南宋时期杭州确有官窑存在，但只是在丽水官窑之后建立的第二个官窑，我找到了大量这个官窑的南宋时代的款识，而老虎洞窑址中只有元代的物证，没有找到任何南宋绝对纪年物，只能是元代官窑。

考古挖掘证明老虎洞窑是一座连续烧造而没有中断的窑址，只能是从元代中期开始烧制，只有这样，老虎洞窑址从建窑开始一直烧到元末的事实才能有一个合理的并合乎逻辑的解释。

杭州窑址挖掘方有关老虎洞窑址性质的认定引发了争议，为平息质疑，2006年窑址挖掘方声称找到了证明老虎洞窑址就是修内司官窑的直接证据，并出示了一个在老虎洞窑址里发现的"修内司窑置庚子年"款荡箍[30]，然而，这个荡箍本身又遭到更多的怀疑。

1. 老虎洞窑址从1996年起考古挖掘到2006年宣布"修内司官窑"荡箍发现整整经历了十一年，2001年和2002年两次专家论证会都未提到过荡箍，论证会都是在老虎洞窑址考古挖掘和整理工作完成后进行的，在这么长的时间里没有这个修内司窑荡箍的任何踪影，那么，突然出现的"修内司窑"铭款荡箍究竟从何而来？谁发现的？怎么发现的？如此重大的考古发现怎么会没有原始记录和说明？按照考古挖掘程序，如果没有遗址地层先后顺序及层位关系的记录，所有遗物都失去了科学意义及合法性和正当性。

2. 曾亲自参加老虎洞窑址挖掘和后期整理的张玉兰女士，撰文称老虎洞窑不是南宋第一个修内司官窑，并披露了老虎洞窑许多官方没有公开的遗物，其中就有一枚在元代地层中发现的刻有"甲子八月十"款铭的荡箍，但未见过"修内司官窑"款的荡箍[31]，元代"甲子"纪年只有一个，即元泰定元年（1324），所以"甲子"款荡箍只能是泰定元年产品。泰定帝是在英宗被暗杀后登位的，而元代官窑正是在英宗被杀的前一年一至治二年建立的。英宗在位时励精图治，推新政，行汉法，并在杭州建窑烧制郊坛礼器，有意亲郊，而窑址里发现的"甲子"款铭荡箍与元代官窑烧造的年代完全相符，不仅解决了元代官窑的始烧时间问题，同时可以作为同在元代层出土的"修内司窑"款荡箍的对照物。如此重要的纪年款证物居然在窑址考古挖掘报告中没有记录，老虎洞窑址专家论证会上也没有公布，至今也找不到照片，这究竟是为什么？

　　3. 1997 年 12 月《中国文物报》发表了老虎洞窑址的发现者华雨农与陈方晓先生撰写的《南宋修内司官窑初论》一文。该文作者称亲眼见过两片釉下褐彩的"修内司""官窑"字款的瓷片，但在杭州考古官方公布的报告中只看到元代层出土的褐彩"官窑"款瓷片，而"修内司"款瓷片却不见踪影。绝大多数的人都认为修内司是宋代的，不知道元代也有修内司。元修内司隶属元大都留守司，秩从五品，设于元世祖中统二年（1261），统领大、小木局及泥厦、车、桩钉、铜、竹作、绳、石等十四局工匠，置提点、大使、副大使各一员。可见，元代修内司职权和管辖范围远远超过南宋修内司，其建造和管理官窑完全是可能的，因此老虎洞窑址里中出现"修内司"款也就不足为奇。"修内司窑"款荡箍据称是在老虎洞窑址的元代层里发现的，理应是元代官窑产物，怎么会变成南宋官窑的遗品？窑址挖掘方的理由是：荡箍的胎釉及微观数据与元哥窑不同，与南宋官窑相符。事实上没有哥窑，元代官窑中的类哥窑器与其他官窑产品的釉料和烧制工艺不同，釉内成分当然会有差异，这种差异只能区别品种，不能成为年代的根据；何况荡箍及瓷片标本来源不明，不符合程序，本身就有重大嫌疑，没有资格充当证据。

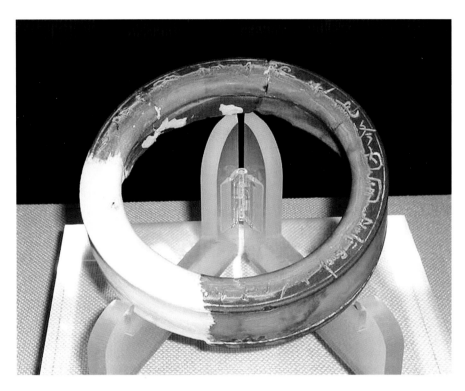

图一三三　杭州老虎洞窑址出土"修内司窑置庚子年"款荡箍

这里有一个需要特别注意的地方："修内司窑"款荡箍上有"庚子年"字样，南宋有两个庚子年：一是宋孝宗赵昚，淳熙七年（1180），二是宋理宗赵昀，嘉熙四年（1240），属南宋中期和晚期，而元朝年代的干支中也有两个庚子年：即元成宗铁穆耳大德四年（1264）和元惠宗妥懽帖睦尔至正二十年（1360），因此荡箍的来源和年代只有三种可能：

其一，"修内司窑置庚子年"款荡箍如果确实是南宋的产品，这个荡箍应该是南宋孝宗（庚子年1180年）时官窑制作的；南宋的另一个庚子年是宋理宗赵昀嘉熙四年（1240）。而老虎洞窑遗址是元代中期才创建的官窑，所以这个荡箍不会是老虎洞窑址里的遗物，只能是在老虎洞窑以外的其他真正的南宋官窑中发现，然后被人放进了老虎洞窑址。

其二，如果这个荡箍确实是老虎洞窑址里的遗物，那么，这个荡箍的年代只能是元惠宗至正二十年（1360）的庚子年，元成宗庚子年（1264）时元代官窑尚未建立，可以排除。元惠宗先后两次亲祀郊坛，最后一次是在至正十五年（1355），元代官窑在至正二十年（庚子年）时应该还存在。所以，"庚子年"铭款的荡箍是元代官窑产品，这完全能够成立。正是因为担心老虎洞窑址有被看成是元代官窑的危险，有关方面才不公开这个荡箍，直到老虎洞窑址早期被定为"南宋第一个修内司官窑"，才把这个荡箍拿出来，公开面世，并成为"南宋修内司官窑"的杀手锏。这就是"修内司窑置庚子年"款荡箍会出现在老虎洞窑址的元代层里，而且隐藏了长达十一年之久才登场现身的原因所在。

其三，在老虎洞窑址或其他窑址里发现的无款荡箍上刻字再复烧。

无论是哪一种情况都超出了学术研究的范畴，需要司法部门介入并进行深入的调查；南宋官窑窑址的考古结论也应该重新论证。

考古之所以是一门科学，是因为有严格和行之有效的的程序来加以保证。窑址的挖掘工作有一套程序，重要物证都必须拍照、记录、归档、保存。即便在挖掘和论证过程中出现偏差，也可以通过这套程序进行复原和检验，从中发现问题并纠正错误。如果不按程序进行的话，所有出土器一旦离开现场就会失去其真实性和合法性。"修内司窑"款荡箍这个国宝级的物证竟然没有留下任何窑址遗址考古挖掘现场原始照片和文字记录，也没有档案，更没有任何解释，显然不符合考古的相关程序，实际上已经失去了作为老虎洞窑址考古挖掘的直接证据的资格。所以，无论是程序还是逻辑，老虎洞窑址的认证和结论都有明显的问题。

杭州凤凰山万松岭存在南宋和元代两座官窑，超出了所有人的想象，如果都能开挖成功的话，无疑是一项载入史册的考古成就。但奇怪的是，老虎洞窑这样一座清清楚楚、明明白白的元代官窑窑址怎么会变成了"南宋第一座修内司官窑"，致使卷烟厂工地这座南宋官窑遗址和老虎洞窑这个元代官窑遗址全部被毁，如此严重的事件岂能不了了之？

值得反思的是：我们绝大多数的人都有意或无意地忽略了老虎洞窑址是一座元代官窑的事实，无视老虎洞窑址中的褐彩"官窑"铭文这些有重要意义的实物证据，不尊重考古的规则和程序，对郊坛礼器缺乏相应的知识，主观地认为元代不会有官窑，蒙古人更不会在万松岭设官窑，过度迷信古籍文献的说法，并把"哥窑"这种莫须有的传言当作窑址考古的直接证据来使用，随意按自己的想象来推断窑址的性质，甚至超越时空，一厢情愿地把老虎洞窑址、修内司营地及南宋修内司官窑这三个不同时代和没有必然联系的概念强行粘合在一起，自觉或不自觉地成了"南宋修内司官窑"和"哥窑"这类骗局的助推者，掉进了别人设定的陷阱，最终辛苦多年却不得善果，不能不说这是一个极为惨痛的教训。

南宋官窑瓷器　元明会馆藏

图一三四　浙江丽水窑南宋天青釉荷叶盖罐（一）　元明会馆藏品

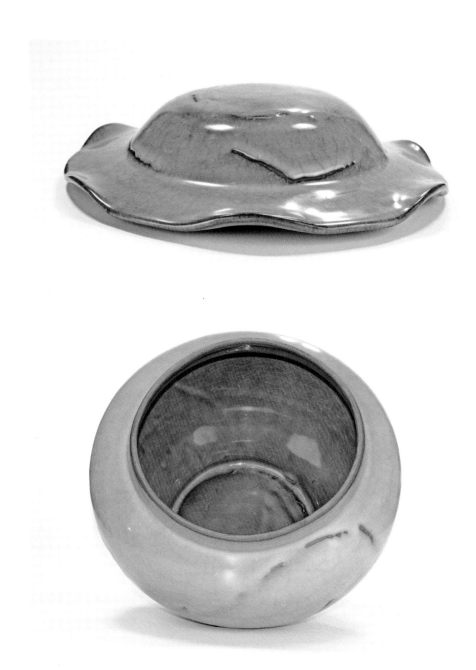

图一三五　浙江丽水窑南宋天青釉荷叶盖罐（二）　元明会馆藏品

图一三六　浙江丽水窑南宋天青釉球式柳条纹扁瓶（一）　元明会馆藏品

图一三七　浙江丽水窑南宋天青釉球式柳条纹扁瓶（二）　元明会馆藏品

图一三八　浙江丽水窑南宋天青釉龙纹梅瓶（一）　元明会馆藏品

图一三九　浙江丽水窑南宋天青釉龙纹梅瓶（二）　元明会馆藏品

图一四〇　浙江丽水窑南宋天青釉弦纹瓶（一）　元明会馆藏品

图一四一　浙江丽水窑南宋天青釉弦纹瓶（二）　元明会馆藏品

图一四二　浙江丽水窑南宋天青釉玉壶春瓶（一）　元明会馆藏品

图一四三　浙江丽水窑南宋天青釉玉壶春瓶（二）　元明会馆藏品

图一四四　浙江丽水窑南宋天青釉琮式瓶（一）　元明会馆藏品

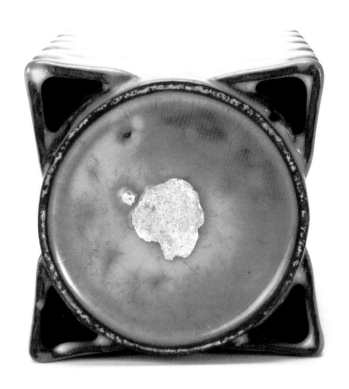

图一四五　浙江丽水窑南宋天青釉琮式瓶（二）　元明会馆藏品

图一四六　浙江丽水窑南宋天青釉双耳樽（一）　元明会馆藏品

图一四七　浙江丽水窑南宋天青釉双耳樽（二）　元明会馆藏品

图一四八　浙江丽水窑南宋天青釉弦纹瓶（一）　元明会馆藏品

图一四九　浙江丽水窑南宋天青釉弦纹瓶（二）　元明会馆藏品

图一五〇　浙江丽水窑南宋天青釉镂空瓶（一）　元明会馆藏品

图一五一　浙江丽水窑南宋天青釉镂空瓶（二）　元明会馆藏品

图一五二　浙江丽水窑南宋天青釉三足镂空樽（一）　元明会馆藏品

图一五三　浙江丽水窑南宋天青釉三足镂空樽（二）　元明会馆藏品

图一五四　浙江丽水窑南宋天青釉镂空三足樽（一）　元明会馆藏品

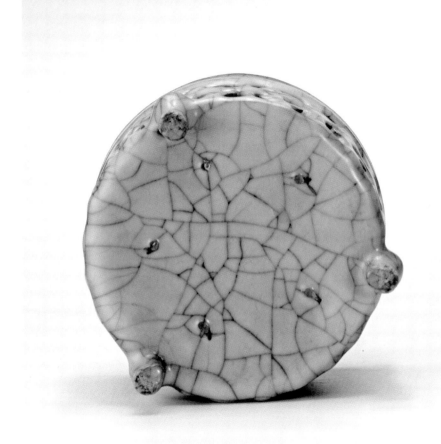

图一五五　浙江丽水窑南宋天青釉镂空三足樽（二）　元明会馆藏品

图一五六　浙江丽水窑南宋天青釉凤耳瓶（一）　元明会馆藏品

图一五七　浙江丽水窑南宋天青釉凤耳瓶（二）　元明会馆藏品

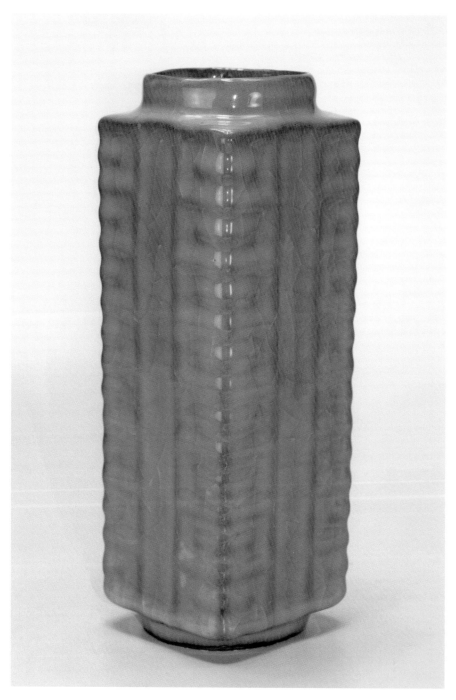

图一五八　浙江丽水窑南宋琮式瓶（一）　元明会馆藏品

图一五九　浙江丽水窑南宋琮式瓶（二）　元明会馆藏品

图一六〇　浙江丽水窑南宋天青釉烛台（一）　元明会馆藏品

图一六一　浙江丽水窑南宋天青釉烛台（二）　元明会馆藏品

图一六二　浙江丽水窑南宋天青釉洗（一）　元明会馆藏品

图一六三　浙江丽水窑南宋天青釉洗（二）　元明会馆藏品

图一六四　浙江丽水窑南宋天青釉大碗（一）　元明会馆藏品

图一六五　浙江丽水窑南宋天青釉大碗（二）　元明会馆藏品

图一六六　浙江丽水窑南宋天青釉莲瓣盘（一）　元明会馆藏品

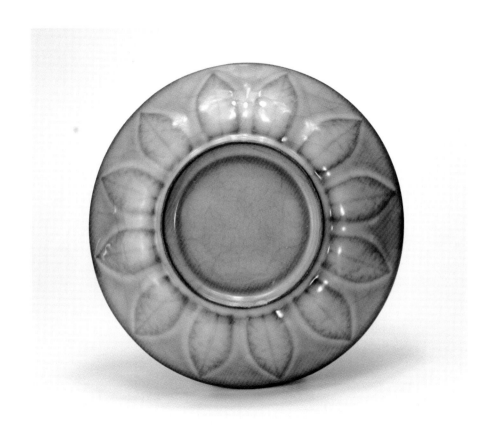

图一六七　浙江丽水窑南宋天青釉莲瓣盘（二）　元明会馆藏品

图一六八　浙江丽水窑南宋天青釉花式盘（一）　元明会馆藏品

图一六九　浙江丽水窑南宋天青釉花式盘（二）　元明会馆藏品

图一七〇　浙江丽水窑南宋天青折沿盘（一）　元明会馆藏品

图一七一　浙江丽水窑南宋天青折沿盘（二）　元明会馆藏品

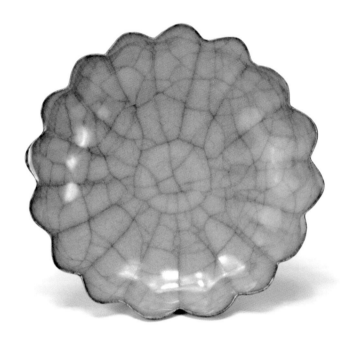

图一七二　浙江丽水窑南宋天青开片釉菊瓣盘（一）　元明会馆藏品

图一七三　浙江丽水窑南宋天青开片釉菊瓣盘（二）　元明会馆藏品

图一七四　浙江丽水窑南宋天青釉花式盘（一）　元明会馆藏品

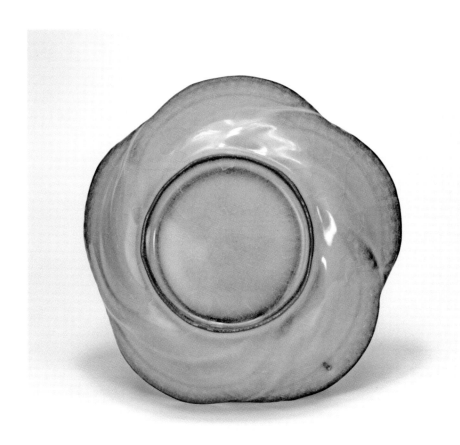

图一七五　浙江丽水窑南宋天青釉花式盘（二）　元明会馆藏品

图一七六　浙江丽水窑南宋天青釉花式盘（一）　元明会馆藏品

图一七七　浙江丽水窑南宋天青釉花式盘（二）　元明会馆藏品

图一七八　浙江丽水窑南宋天青釉花式碗（一）　元明会馆藏品

图一七九　浙江丽水窑南宋天青釉花式碗（二）　元明会馆藏品

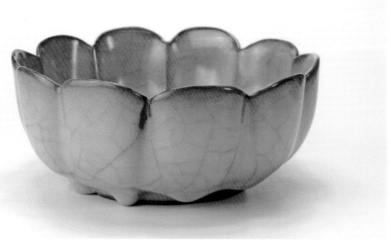

图一八〇　浙江丽水窑南宋天青釉花式碗（一）　元明会馆藏品

图一八一　浙江丽水窑南宋天青釉花式碗（二）　元明会馆藏品

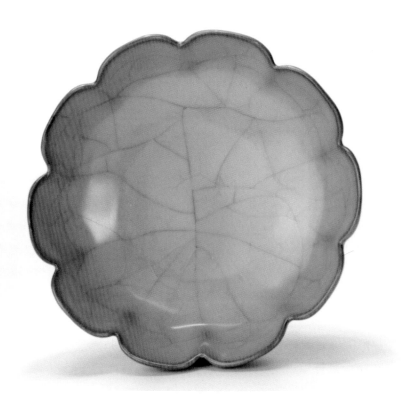

图一八二　浙江丽水窑南宋天青釉花式碗（一）　元明会馆藏品

图一八三　浙江丽水窑南宋天青釉花式碗（二）　元明会馆藏品

图一八四　浙江丽水窑南宋天青釉花式盘（一）　元明会馆藏品

图一八五　浙江丽水窑南宋天青釉花式盘（二）　元明会馆藏品

图一八六　浙江丽水窑南宋天青釉花式盘（一）　元明会馆藏品

图一八七　浙江丽水窑南宋天青釉花式盘（二）　元明会馆藏品

图一八八　浙江丽水窑南宋天青釉花式盘（一）　元明会馆藏品

图一八九　浙江丽水窑南宋天青釉花式盘（二）　元明会馆藏品

图一九〇　浙江丽水窑南宋天青釉花式盘（一）　元明会馆藏品

图一九一　浙江丽水窑南宋天青釉花式盘（二）　元明会馆藏品

图一九二　浙江丽水窑南宋天青釉葵口盘（一）　元明会馆藏品

图一九三　浙江丽水窑南宋天青釉葵口盘（二）　元明会馆藏品

图一九四　浙江丽水窑南宋天青釉弦纹双耳环瓶（一）　元明会馆藏品

图一九五　浙江丽水窑南宋天青釉弦纹双耳环瓶（二）　元明会馆藏品

图一九六　浙江丽水窑南宋天青釉花式大碗（一）　元明会馆藏品

图一九七　浙江丽水窑南宋天天青釉式大碗（二）　元明会馆藏品

图一九八　浙江丽水窑南宋天青釉花式大碗（一）　元明会馆藏品

图一九九　浙江丽水窑南宋天青釉花式大碗（二）　元明会馆藏品

图二〇〇　浙江丽水窑南宋天青釉花式腰盘（一）　元明会馆藏品

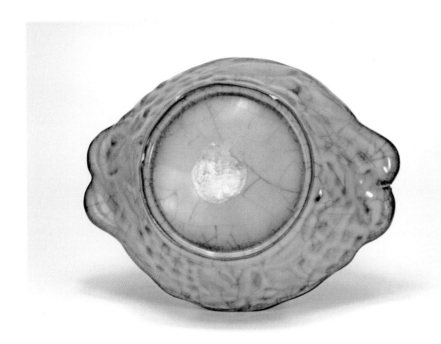

图二〇一　浙江丽水窑南宋天青釉花式腰盘（二）　元明会馆藏品

图二〇二　浙江丽水窑南宋天青釉花式腰盘（一）　元明会馆藏品

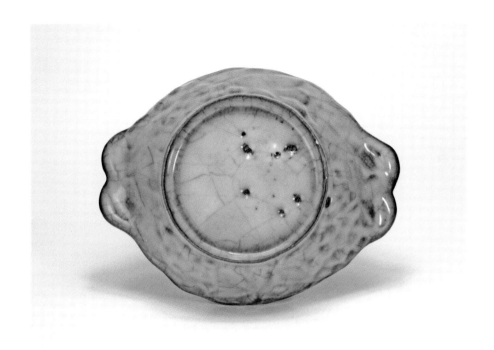

图二〇三　浙江丽水窑南宋天青釉花式腰盘（二）　元明会馆藏品

图二〇四　浙江丽水窑南宋天青釉水仙盆（一）　元明会馆藏品

图二〇五　浙江丽水窑南宋天青釉水仙盆（二）　元明会馆藏品

图二〇六　浙江丽水窑南宋天青釉弦纹瓶（一）　元明会馆藏品

图二〇七　浙江丽水窑南宋天青釉弦纹瓶（二）　元明会馆藏品

图二〇八　浙江丽水窑南宋天青釉菊瓣盘（一）　元明会馆藏品

图二〇九　浙江丽水窑南宋天青釉菊瓣盘（二）　元明会馆藏品

图二一〇　浙江丽水窑南宋天青釉八方盘（一）　元明会馆藏品

图二一一　浙江丽水窑南宋天青釉八方盘（二）　元明会馆藏品

图二一二　浙江丽水窑南宋天青釉八方盘（一）　元明会馆藏品

图二一三　浙江丽水窑南宋天青釉八方盘（二）　元明会馆藏品

图二一四 浙江丽水窑南宋天青釉大盘（一） 元明会馆藏品

图二一五　浙江丽水窑南宋天青釉大盘（二）　元明会馆藏品

图二一六　浙江丽水窑南宋天青釉影花大碗（一）　元明会馆藏品

图二一七　浙江丽水窑南宋天青釉影花大碗（二）　元明会馆藏品

图二一八　浙江丽水窑南宋天青釉五瓣花盆（一）　元明会馆藏品

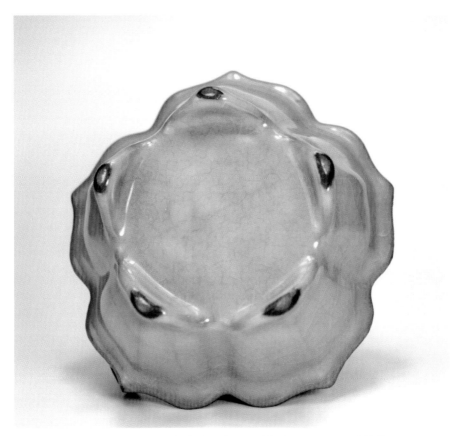

图二一九　浙江丽水窑南宋天青釉五瓣花盆（二）　元明会馆藏品

图二二〇　浙江丽水窑南宋天青釉盏托（一）　元明会馆藏品

图二二一　浙江丽水窑南宋天青釉盏托（二）　元明会馆藏品

图二二二　浙江丽水窑南宋天青釉四方花式碗（一）　元明会馆藏品

图二二三　浙江丽水窑南宋天青釉四方花式碗（二）　元明会馆藏品

图二二四　浙江丽水窑南宋天青釉四方花式碗（一）　元明会馆藏品

图二二五　浙江丽水窑南宋天青釉四方花式碗（二）　元明会馆藏品

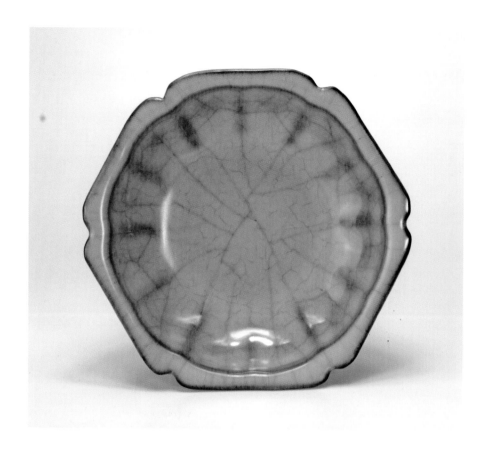

图二二六　浙江丽水窑南宋天青釉六方盘（一）　元明会馆藏品

图二二七　浙江丽水窑南宋天青釉六方盘（二）　元明会馆藏品

图二二八　浙江丽水窑南宋天青釉花式盘（一）　元明会馆藏品

图二二九　浙江丽水窑南宋天青釉花式盘（二）　元明会馆藏品

图二三〇　浙江丽水窑南宋天青釉菊瓣碗（一）　元明会馆藏品

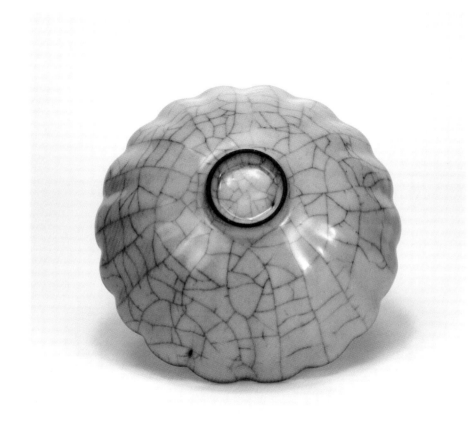

图二三一　浙江丽水窑南宋天青釉菊瓣碗（二）　元明会馆藏品

图二三二　浙江丽水窑南宋天青釉三足花式洗（一）　元明会馆藏品

图二三三　浙江丽水窑南宋天青釉三足花式洗（二）　元明会馆藏品

图二三四　浙江丽水窑南宋天青釉海棠瓶（一）　元明会馆藏品

图二三五　浙江丽水窑南宋天青釉海棠瓶（二）　元明会馆藏品

图二三六　浙江丽水窑南宋天青釉花口瓜棱瓶（一）　元明会馆藏品

图二三七　浙江丽水窑南宋天青釉花口瓜棱瓶（二）　元明会馆藏品

图二三八　浙江丽水窑南宋米黄釉觚（一）　元明会馆藏品

图二三九　浙江丽水窑南宋米黄釉觚（二）　元明会馆藏品

图二四〇　浙江丽水窑南宋米黄釉六方形贯耳壶（一）　元明会馆藏品

图二四一　浙江丽水窑南宋米黄釉六方形贯耳壶（二）　元明会馆藏品

图二四二　浙江丽水窑南宋米黄釉贯耳方壶（一）　元明会馆藏品

图二四三　浙江丽水窑南宋米黄釉贯耳方壶（二）　元明会馆藏品

图二四四　浙江丽水窑南宋米黄釉觚（一）　元明会馆藏品

图二四五　浙江丽水窑南宋米黄釉瓿（二）　元明会馆藏品

图二四六　浙江丽水窑南宋米黄釉弦纹瓶（一）　元明会馆藏品

图二四七　浙江丽水窑南宋米黄釉弦纹瓶（二）　元明会馆藏品

图二四八　浙江丽水窑南米米黄釉六方贯耳壶（一）　元明会馆藏品

图二四九　浙江丽水窑南宋米黄釉六方贯耳壶（二）　元明会馆藏品

图二五〇 浙江丽水窑南宋米黄釉六方贯耳壶（一） 元明会馆藏品

图二五一　浙江丽水窑南宋米黄釉六方贯耳壶（二）　元明会馆藏品

图二五二　浙江丽水窑南宋米黄开片釉高足杯（一）　元明会馆藏品

图二五三　浙江丽水窑南宋米黄开片釉高足杯（二）　元明会馆藏品

图二五四　浙江丽水窑南宋米黄釉四足鼎（一）　元明会馆藏品

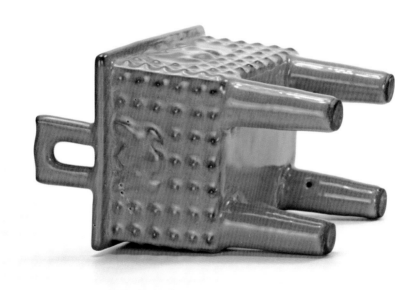

图二五五　浙江丽水窑南宋米黄釉四足鼎（二）　元明会馆藏品

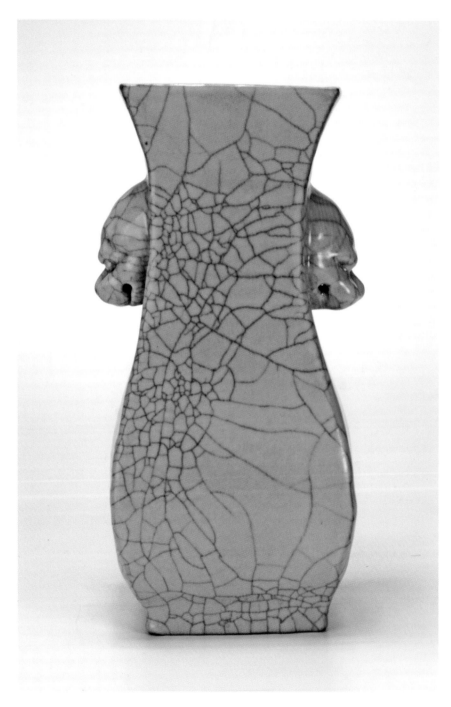

图二五六　浙江丽水窑南宋米黄釉兽耳樽（一）　元明会馆藏品

图二五七　浙江丽水窑南宋米黄釉兽耳樽（二）　元明会馆藏品

图二五八　浙江丽水窑南宋米黄釉双耳矮足簋（一）　元明会馆藏品

图二五九　浙江丽水窑南宋米黄釉双耳矮足簋（二）　元明会馆藏品

图二六〇　浙江丽水窑南宋米黄釉方洗（一）　元明会馆藏品

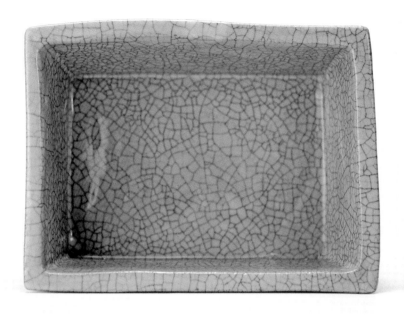

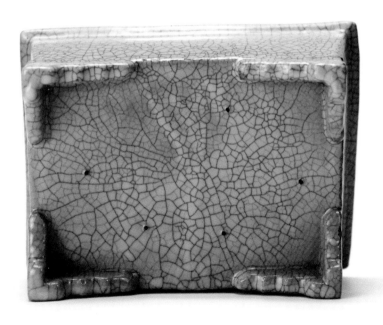

图二六一　浙江丽水窑南宋米黄釉方洗（二）　元明会馆藏品

图二六二　浙江丽水窑南宋米黄釉双耳樽（一）　元明会馆藏品

图二六三　浙江丽水窑南宋米黄釉双耳樽（二）　元明会馆藏品

图二六四　浙江丽水窑南宋米黄釉四足洗（一）　元明会馆藏品

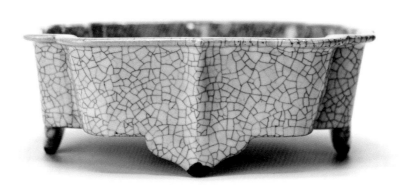

图二六五　浙江丽水窑南宋米黄釉四足洗（二）　元明会馆藏品

图二六六　浙江丽水窑南宋米黄釉八卦炉（一）　元明会馆藏品

图二六七　浙江丽水窑南宋米黄釉八卦炉（二）　元明会馆藏品

图二六八　浙江丽水窑南宋米黄釉三足鼎（一）　元明会馆藏品

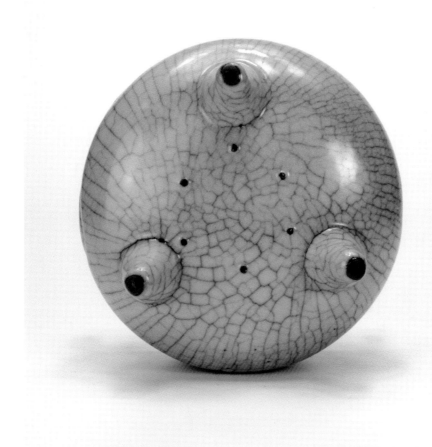

图二六九　浙江丽水窑南宋米黄釉三足鼎（二）　元明会馆藏品

图二七〇　浙江丽水窑南宋米黄釉盏托（一）　元明会馆藏品

图二七一　浙江丽水窑南宋米黄釉盏托（二）　元明会馆藏品

图二七二　浙江丽水窑南宋米黄釉方觚（一）　元明会馆藏品

图二七二　浙江丽水窑南宋米黄釉方觚（二）　元明会馆藏品

图二七四　浙江丽水窑南宋米黄釉六方瓶（一）　元明会馆藏品

图二七五　浙江丽水窑南宋米黄釉六方瓶（二）　元明会馆藏品

图二七六　浙江丽水窑南宋米黄开片釉菊瓣盘（一）　元明会馆藏品

图二七七　浙江丽水窑南宋米黄开片釉菊瓣盘（二）　元明会馆藏品

图二七八　浙江丽水窑南宋米黄开片釉菊瓣盘（一）　元明会馆藏品

图二七九　浙江丽水窑南宋米黄开片釉菊瓣盘（二）　元明会馆藏品

图二八〇　浙江丽水窑南宋米黄开片釉花式盘（一）　元明会馆藏品

图二八一　浙江丽水窑南宋米黄开片釉花式盘（二）　元明会馆藏品

图二八二　浙江丽水窑南宋米黄开片釉圆口盘（一）　元明会馆藏品

图二八三　浙江丽水窑南宋米黄开片釉圆口盘（二）　元明会馆藏品

图二八四　浙江丽水窑南宋米黄开片釉五钉洗（一）　元明会馆藏品

图二八五　浙江丽水窑南宋米黄开片釉五钉洗（二）　元明会馆藏品

图二八六　浙江丽水窑南宋月白开片釉五钉洗（一）　元明会馆藏品

图二八七　浙江丽水窑南宋月白开片釉五钉洗（二）　元明会馆藏品

图二八八　浙江丽水窑南宋月白开片釉堆塑龙纹洗（一）　元明会馆藏品

图二八九　浙江丽水窑南宋月白开片釉堆塑龙纹洗（二）　元明会馆藏品

图二九〇　浙江丽水窑南宋月白开片釉堆塑凤纹盘（一）　元明会馆藏品

图二九一　浙江丽水窑南宋月白开片釉堆塑凤纹盘（二）　元明会馆藏品

图二九二　浙江丽水窑南米黄釉三足鼎（一）　元明会馆藏品

图二九三　浙江丽水窑南米黄釉三足鼎（二）　元明会馆藏品

图二九四　浙江丽水窑南宋月白釉三足鼎（一）　元明会馆藏品

图二九五　浙江丽水窑南宋月白釉三足鼎（二）　元明会馆藏品

图二九六　浙江丽水窑南宋月白釉觚（一）　元明会馆藏品

图二九七　浙江丽水窑南宋月白釉觚（二）　元明会馆藏品

图二九八　浙江丽水窑南宋月白釉鱼耳簋（一）　元明会馆藏品

图二九九　浙江丽水窑南宋月白釉鱼耳簋（二）　元明会馆藏品

图三〇〇　浙江丽水窑南宋月白釉葫芦瓶（一）　元明会馆藏品

图三〇一　浙江丽水窑南宋月白釉葫芦瓶（二）　元明会馆藏品

图三〇二　浙江丽水窑南宋月白釉六方花盆（一）　元明会馆藏品

图三〇三　浙江丽水窑南宋月白釉六方花盆（二）　元明会馆藏品

图三○四　浙江丽水窑南宋月白釉琮式瓶（一）　元明会馆藏品

图三〇五　浙江丽水窑南宋月白釉琮式瓶（二）　元明会馆藏品

图三〇六　浙江丽水窑南宋月白釉折沿瓶（一）　元明会馆藏品

图三〇七　浙江丽水窑南宋月白釉折沿瓶（二）　元明会馆藏品

图三〇七 浙江丽水窑南宋月白釉双耳八方瓶（一） 元明会馆藏品

图三〇八　浙江丽水窑南宋月白釉双耳八方瓶（二）　元明会馆藏品

图三一〇　浙江丽水窑南宋月白釉三足鼎（一）　元明会馆藏品

图三一一　浙江丽水窑南宋月白釉三足鼎（二）　元明会馆藏品

图三一二　浙江丽水窑南宋月白釉五足花口洗（一）　元明会馆藏品

图三一三　浙江丽水窑南宋月白釉五足花口洗（二）　元明会馆藏品

图三一四　浙江丽水窑南宋月白釉葵口大碗（一）　元明会馆藏品

图三一五　浙江丽水窑南宋月白釉葵口大碗（二）　元明会馆藏品

图三一六　浙江丽水窑南宋月白釉八方盘（一）　元明会馆藏品

图三一七　浙江丽水窑南宋月白釉八方盘（二）　元明会馆藏品

图三一八　杭州南宋官窑米黄开片釉"官"字款胆瓶（一）　元明会馆藏品

图三一九　杭州南宋官窑米黄开片釉"官"字款胆瓶（二）　元明会馆藏品

图三二〇　杭州南宋官窑米黄开片釉"德后"字款大盘（一）　元明会馆藏品

图三二一　杭州南宋官窑米黄开片釉"德后"字款大盘（二）　元明会馆藏品

图三二二　杭州南宋官窑天青开片釉"德后"字款大盘（一）　元明会馆藏品

图三二三　杭州南宋官窑天青开片釉"德后"字款大盘（二）　元明会馆藏品

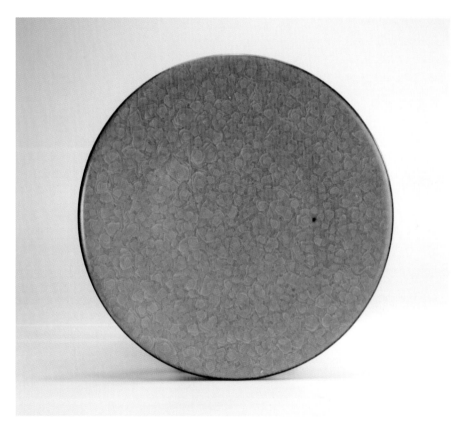

图三二四　杭州南宋官窑天青开片釉大盘（一）　元明会馆藏品

图三二五　杭州南宋官窑天青开片釉大盘（二）　元明会馆藏品

图三二六　杭州南宋官窑天青开片釉"官"字款盘口凤尾瓶（一）　元明会馆藏品

图三二七　杭州南宋官窑天青开片釉"官"字款盘口凤尾瓶（二）　元明会馆藏品

图三二八　杭州南宋官窑天青开片釉"寿德苑"字款海棠瓶（一）　元明会馆藏品

图三二九　杭州南宋官窑天青开片釉"寿德苑"字款海棠瓶（二）　元明会馆藏品

图三三〇　杭州南宋官窑天青开片釉"高师古"字款双耳瓶（一）　元明会馆藏品

图三三一　杭州南宋官窑天青开片釉"高师古"字款双耳瓶（二）　元明会馆藏品

图三三二　杭州南宋官窑天青开片釉"坤"字款刘方贯耳壶（一）　元明会馆藏品

图三三三　杭州南宋官窑天青开片釉"坤"字款刘方贯耳壶（二）　元明会馆藏品

图三三四　杭州南宋官窑天青开片釉"内苑"字款贯耳壶（一）　元明会馆藏品

图三三五　杭州南宋官窑天青开片釉"内苑"字款贯耳壶（二）　元明会馆藏品

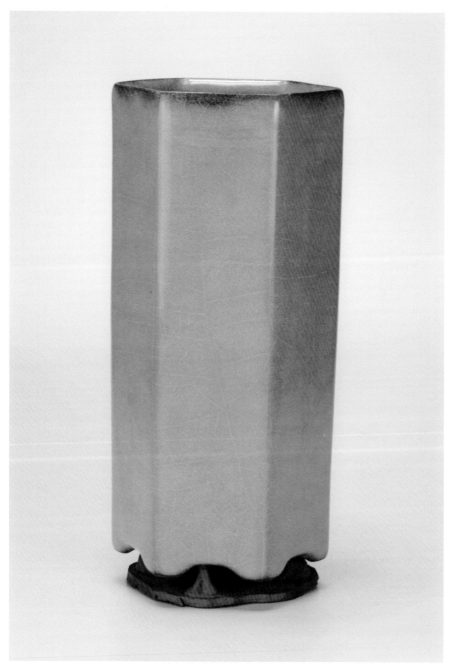

图三三六　杭州南宋官窑天青釉"内苑"字款笔筒（一）　元明会馆藏品

图三三七　杭州南宋官窑天青釉"内苑"字款笔筒（二）　元明会馆藏品

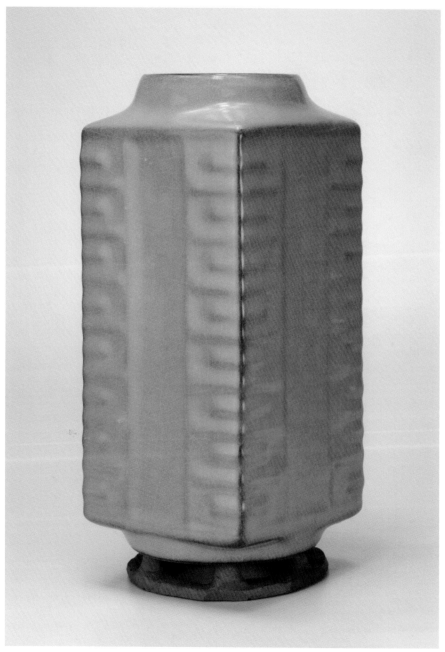

图三三八　杭州南宋官窑天青釉"坤"字款琮式瓶（一）　元明会馆藏品

图三三九　杭州南宋官窑天青釉"坤"字款琮式瓶（二）　元明会馆藏品

图三四〇 杭州南宋官窑米黄釉"月"字弦纹瓶（一）元明会馆藏品

图三四一　杭州南宋官窑米黄釉"月"字弦纹瓶（二）　元明会馆藏品

336

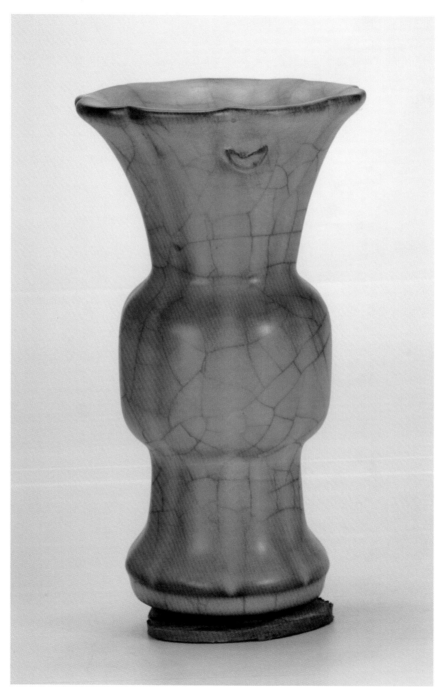

图三四二　杭州南宋官窑米黄釉"内苑"字款觚　元明会馆藏品

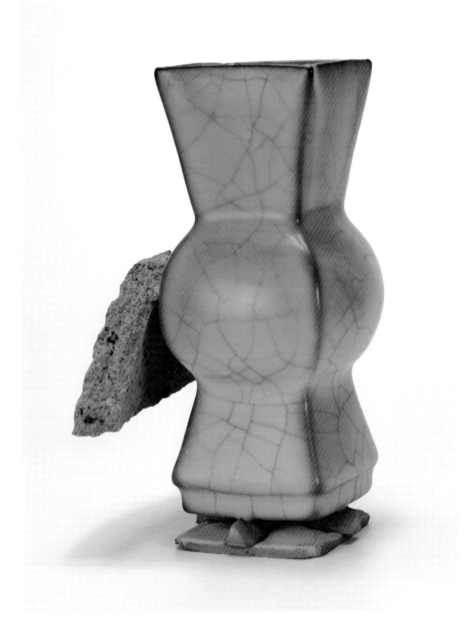

图三四三　杭州南宋官窑米黄釉"坤"字款方圆樽　元明会馆藏品

图三四四　杭州南宋官窑米黄釉"内苑"字款双耳瓶　元明会馆藏品

图三四五　　杭州南宋官窑米黄釉"内苑"字款双耳瓶　元明会馆藏品

图三四六　杭州南宋官窑米黄釉"官"字款出戟樽（一）　元明会馆藏品

图三四七　杭州南宋官窑米黄釉"官"字款出戟樽（二）　元明会馆藏品

图三四八　杭州南宋官窑米黄釉葵口钵（一）　元明会馆藏品

图三四九　杭州南宋官窑米黄釉葵口钵（二）　元明会馆藏品

图三五〇　杭州南宋官窑米黄釉匜（一）　元明会馆藏品

图三五一　杭州南宋官窑米黄釉匜（二）　元明会馆藏品

图三五二　杭州南宋官窑米黄釉斗笠碗（一）　元明会馆藏品

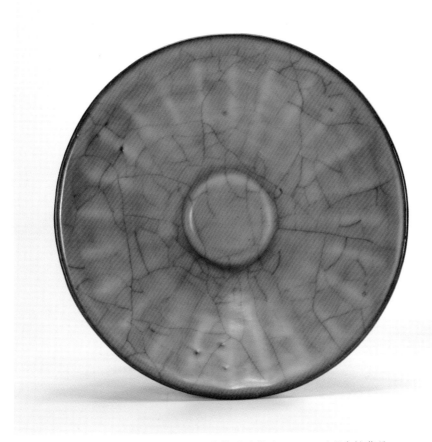

图三五三　杭州南宋官窑米黄釉斗笠碗（二）　元明会馆藏品

图三五四　杭州南宋官窑米黄釉葵口碗（一）　元明会馆藏品

图三五五　杭州南宋官窑米黄釉葵口碗（二）　元明会馆藏品

图三五六　杭州南宋官窑天青釉竹节洗（一）　元明会馆藏品

图三五七　杭州南宋官窑天青釉竹节洗（二）　元明会馆藏品

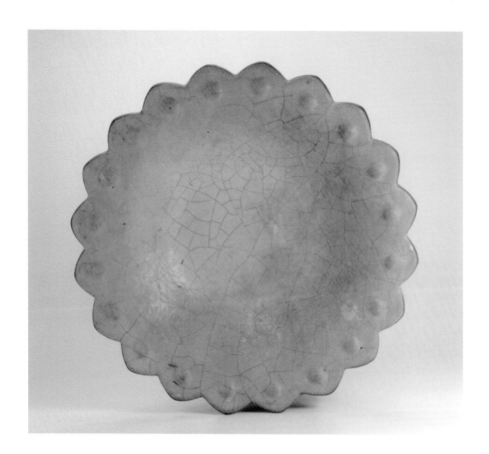

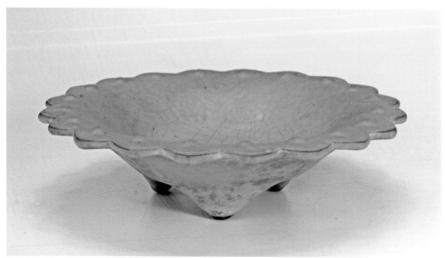

图三五八　杭州南宋官窑天青釉三足敞口盘（一）　元明会馆藏品

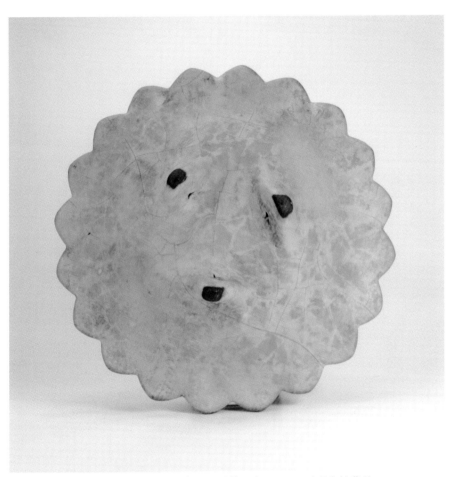

图三五九　杭州南宋官窑天青釉三足敞口盘（二）　元明会馆藏品

图三六〇　杭州南宋官窑天青釉三足敞口盘（一）　元明会馆藏品

图三六一　杭州南宋官窑天青釉三足敞口盘（二）　元明会馆藏品

356

图三六二 杭州南宋官窑天青釉花口折沿洗（一） 元明会馆藏品

图三六三 杭州南宋官窑天青釉花口折沿洗（二） 元明会馆藏品

引用文献目录

（1） 元·陶宗仪，《南村辍耕录》卷二十九

（2） 《续资治通鉴》卷一二二

（3） 宋·王应麟，《玉海》卷五十六·艺文图，江苏古籍出版社，1987 年

（4） 宋·李纲，《梁溪全集》卷九三"乞用瓦木盖置房札子"条载：
"置官窑以造砖瓦，下傍近州县以摘那工匠。"

（5） 《元史》卷七十四·志第二十五·祭器

（6） 蔡乃武，《中国收藏》2012 年第 3 期 100—107 页，共 8 页

（7） 刘伟，民间收藏完整的修内司官窑几乎不可能[N]，中国文化报，
2010 年

（8） 李家治，《简论官哥二窑》后记，第 200 页—201 页，科学出版社

（9） 董明，《北宋官窑的发现和考证》，第 5 — 7 页，中国书籍出版社

（10） 《元史》卷五·本纪第五

（11） 《元史》卷四·本纪第四

（12） 《元史》卷四·世祖本纪一

（13） 清·赵翼，《廿二史札记》卷三十·元史，中华书局出版

（14） 《新元史》卷八十一·志第四十八

（15） 《元史》卷四十四·本纪第四十四

（16） 《元史》卷七十二·志第二十三·郊祀上

（17） 《元史》卷七十二·志第二十三祭·祀一

（18） 《元史》志·第二十三·祭祀一

（19） 张玉兰，《关于老虎洞窑的几个问题》，《东方博物》2005 年 01 期

（20）　《牟永抗考古学文集》，第 312 页，南宋官窑的发现和研究，科学出版社

（21）　《南宋官窑》，南宋官窑窑具图四四，中国大百科全书出版社

（22）　《故宫博物院院刊》，2010 年第 5 期

（23）　杭州老虎洞窑址考古发现专家论证会纪要，《文物》2001 年 08 期

（24）　《南宋官窑与哥窑》（杭州南宋官窑老虎洞窑址国际学术研讨会论文集）

（25）　《中国文化遗产》，2015 年 01 期

（26）　《浙江工艺美术》，1999 年 01 期

（27）　《故宫博物院院刊》，2002 年 05 期，作者：杜正贤

（28）　《建筑材料学报》，2003 年 02 期

（29）　张玉兰，《关于老虎洞窑的几个问题》，《东方博物》2005 年 01 期

（30）　杭州老虎洞窑址出土"修内司窑"铭款荡箍的化学成分分析

（31）　张玉兰，《关于老虎洞窑的几个问题》，《东方博物》2005 年 01 期

（32）　陈跃书，《再寻南宋修内司窑》，《收藏》2010 年 10 期

附图索引

366

368

370

作者介绍：

　　董明，1962 年 6 月 2 日生于上海，1984 年华东政法大学毕业，现为中国古陶瓷研究者，出版的著作有《北宋官窑的发现和考证》，《南宋官窑的发现和考证》是董明先生的第二本专著，先后破解了北宋官窑、南宋官窑、哥窑和元代官窑等中国古瓷史上的重大谜案，并找回了许多已失传的珍贵文物，为拯救和传承中华古老文化遗产做出了贡献。

图书在版编目（CIP）数据

南宋官窑的发现和考证／董明著. —— 北京：中国
文史出版社，2018.12
ISBN 978 - 7 - 5205 - 0811 - 7

Ⅰ．①南… Ⅱ．①董… Ⅲ．①官窑 - 瓷器（考古）- 考
古发掘 - 中国 - 南宋②官窑 - 瓷器（考古）- 考证 - 中国 -
南宋 Ⅳ．①K876.34

中国版本图书馆 CIP 数据核字（2018）第 263116 号

责任编辑：薛媛媛

出版发行：中国文史出版社

社　　址：北京市海淀区西八里庄 69 号院　　邮编：100142
电　　话：010 - 81136606　81136602　81136603（发行部）
传　　真：010 - 81136655
印　　装：上海豪杰印刷有限公司
经　　销：全国新华书店
开　　本：787 × 1092　1/16
印　　张：24　　　　字数 55 千字　　图片：363 幅
版　　次：2018 年 12 月第 1 版
印　　次：2018 年 12 月第 1 次印刷
定　　价：660.00 元